*for the future*

中学校編

## とっておきの
# 道徳授業17

●「乱世」を生きる中学生に贈る 35授業実践●

桃﨑剛寿 編著

全 授 業
パワーポイントスライド
＋ワークシート
特設サイトに掲載

この「教材」だからこそ中学生の心の奥に届く！ 心が震える！

困難な「今」を生きる中学生に「命・優しさ・社会・人生」を問う！

日本標準

## はじめに ◆-------------------------------------◆

　2019年にスタートした中学校「特別の教科　道徳」は４年目を終えようとしています。この間，国内外で大きな変化が起き，私たちの心のありようも大きく問われました。2020年に起きた新型コロナウイルスの世界的流行によって，夢や希望，規則，集団生活，寛容，公正，家族，友達などの価値が問い直されました。2021年に実施された東京オリンピック・パラリンピックは光と影を残し，2022年には世界的な紛争が起き，世界情勢の緊張が増大しました。ほかにも，社会の分断や家庭機能不全，深刻なネット依存などが起きています。中学生においてもこの１，２年は，不登校やいじめ，自殺は過去最大数になるとともに，体力の落ち込みも見られます。道徳の授業はこれら急激な変化に取り残され，主教材の教科書だけでは時代と乖離し，「ふわふわした」授業が多く散見されています。

　現実から目を背けることなく，難しい時代の下，授業のなかでどう道徳性を育てていくのか。その使命に応えるのが，本書でシリーズ17作目・21年目を迎えた『中学校編　とっておきの道徳授業17』です。重要なキーワードを「乱世・命・優しさ・社会のあり方・人生」に整理し，今の時代に効果がある教材の開発とその授業の実際を世に問います。本書でオリジナル教材による道徳科授業実践を累計590本も世に問うてきました。それらは全国で多くの追実践を生んだだけでなく，教科書にもたくさん掲載されており，わが国の道徳授業研究に大きな影響力をもつ，「教科書の『強化』書」の役割を果たしています。

　今回もすべての内容項目を網羅し，年間計画にも位置づけやすくしました。「全授業のプレゼンテーション電子媒体」「全授業のワークシート（Word，一太郎，PDF）」「中学校編　とっておきの道徳授業　全巻590実践の教材内容項目一覧（Excel）」をダウンロードできる特別サイトを開設します。生徒の実態に合わせ修正して利用したり，年間計画作成の際の資料として活用したりできます。

　たくさんの先生方が本書を手にとっていただき日本全国で実践され，中学校の道徳授業が「単なる時数消化」ではなく，どの教育活動よりも価値がある時間になることを望みます。本書の教材を使って，「あなただけの」道徳授業を子どもたちに贈りませんか。きっとそこには，中学生にとっても，あなたにとっても「至高の幸福」があるはずです。

### 「道徳科の教材開発に挑んだ教師だけに見える景色がある」

　2023年3月

編著者一同

◆-------------------------------------◆

## この本の使い方（特長）

道徳授業の４つのポイント「感動」「驚き」「新たな知恵」「振り返り」のそれぞれの度合いの達成度を「星３つ！」形式で示しました。

白く浮き出ているのが，実施可能な学年を示しています。学年は，一応の目安として考えてください。

この授業がなぜ生徒には必要なのか，この教材を開発したのはなぜか，授業の主張が簡潔に述べてあります。

教材の概要と授業づくりのアドバイス，授業構成を時間のグラフで示しました。授業構成の下に，どこで「協働的な学び」があるかを明示しました。

授業全体を通しての協働的な学びの度合いを表しました。

授業の準備にどれくらい労力が必要なのかの度合いを表しました。

特設サイトにある本授業のデータと対応する番号です。

1ページ目

2ページ目　　　3ページ目

発問の意図を明示しています。授業構成がわかり，追実践するときに役立ちます。

主体的・対話的で深い学びを導く発問に **主** **対** **深** のマークをつけました。

指導案でも，授業の展開例でもありません。
実際の授業の様子などを追実践可能な形で記しました。
「授業の事実で語る」本書の理念を具現化したページです。
発問・指示・生徒の反応が具体的に書かれています。

4ページ目

教材やプリントなどを掲載しています。

教材を開発し，授業を実践し，執筆しました！

※著作物を授業で使用する場合は，出典を表示してお使いください。

# 不安定な世界の中
# 平和を願い・
# 賢く生きていく

　2022年のロシアによるウクライナ侵攻。平和の大切さを学校で学んできたのだが，現実は武器をもって双方が戦う姿がリアルに報道されている。わが国の周辺諸国で起きる危機は中学生にも大きな不安を感じさせる。これらは避けて通ることのできないテーマである一方で，子どもたちの生活からはつながりにくい面もある。また，ややもすると，一方の国の優勢や劣勢を歓迎する心情をもってしまうが，そこでは双方の尊い命が奪われている事実がある。私たちは中学生に何をどう伝え，考えさせればよいのだろうか。

　本章では「平和を希求する心の尊さ」ととらえる。政治的中立性を守りながら，中学生が共感できるような教材を現代と過去から探し出し，中学生の「手が届くところ」にスポットを当て，自分と重なり合う4つの授業の構想をした。

　また，西側に立つわが国では，どうしてもウクライナ側の立場に沿った報道を受ける。「真実は見極められているだろうか」「何かにコントロールされていないか」。情報統制されたことを歴史に学んでいるからこそ，情報に対しての判断力が重要であることを知っている。そのような情報モラルの「賢さ」を高めることを，3つの授業で実現させていく。

**第1章**

# 不安定な世界の中
# 平和を願い・賢く生きていく

　内容項目C18［国際理解，国際貢献］の授業を3本連続で提示する。
　1つめの**「祈りの花瓶」**は，長崎への原子爆弾投下により歪んだガラス瓶をモチーフにした花瓶や作成した方の思いから迫っていく。そして自分の立ち位置を振り返らせることで自分の問いにしていく。
　2つめの**「卒業写真の意味」**は，初めに卒業写真の意味を振り返らせる。そこにウクライナの学生が見いだしている価値と出合わせ，平和への希求の差の自覚から迫る。
　そして3つめの**「『キーウから遠く離れて』に込められた思い」**では，戦地でも双方の命を大切に思う信念との出合いや，双方の架け橋になりたいという中学生の弁論文から，憎しみから何も生まれないことが伝わっていく。
　さらに，さきの大戦中，時代に翻弄された動物の悲劇から，命の大切さと平和の意味を考えさせる**「ヒョウのハチ」**。
　これら4つの授業は，「今」を見つめながら平和を希求する心を育てる力をもつ。

　そして，この時代だからこそ育てたい情報モラル。そして道徳的判断力。ここに3つの授業が当てられた。
　**「情報はきちんと伝わっている？」**と**「自分の『カエル』を見つけよう」**は，どちらも下村健一氏の著書や講演から教材化された授業である。相手のことを大切に思うからこそ，多面的多角的な考え方が促される。そして思い込みを避けていける。
　第1章のラストの**「データはかたる」**は，真実を見極める・受け入れることでよりよい生き方を求めていく授業である。総合的な学習の時間で活用でき，数学の授業との関連もある。

　これら7つの授業で，「乱世の今」に対峙した，意味ある道徳科授業が実現する。

| 感 動 | ★★★ |
| 驚 き | ★☆☆ |
| 新たな知恵 | ★★☆ |
| 振り返り | ★★☆ |

**1年**
**2年**
**3年**

戦争や原爆に真剣に向き合う

# 1. 祈りの花瓶

web
1-1
授業用
パワーポイント

　長崎県内のほとんどの小中学校では，8月9日を全校登校日として平和学習に取り組んでいます。戦争や原爆の悲惨さなどを学び，平和の大切さを再確認する機会となっています。終戦から長い年月が経過した現在，生徒たちは，戦争を遠い過去でどこか違う国のこととしてとらえているように感じます。私自身も原爆や戦争に関する道徳授業創りはとても難しいと考えて敬遠していました。しかし，「祈りの花瓶」を紹介した新聞記事と出合い，原爆に関する道徳授業創りに挑戦しました。

 「『祈りの花瓶』熱線の記憶
平和の尊さ　発信呼びかけ」
読売新聞西部朝刊　2022年8月6日付

毎熊那々恵さんと「祈りの花瓶」

### ■ 教材の概要 ■

　長崎市出身のデザイナーである毎熊那々恵（まいぐまななえ）さんは，原爆の熱線で歪（ゆが）んでしまったガラスの花瓶を3Dプリンターで忠実に再現して，新たに白い焼き物を製作しています。花瓶ですから，すぐに手に取ることができます。この花瓶に触れたときに，原爆の悲惨さや当時の人々の苦しみに思いをはせることになるはずです。また，この花瓶に花を生けるときに，平和の大切さを実感するかもしれません。生徒たちは，語り部や写真や映像でしか知らない原爆の悲惨さをこの小さな花瓶を通して身近なものとして感じることができる教材です。

### ■ 授業構成 ■

| 0 | 8 | 18 | 28 | 38 | 50(分) |
|---|---|---|---|---|---|
| ●発問●<br>花瓶の写真を見て気づくことは？ | ●発問●<br>「平和の尊さ」を伝えるために花瓶を制作した理由は？ | ●発問●<br>長崎の何が特別なのか？ | ●発問●<br>歪んだ花瓶に触れた人はどんなことを考えるか | ●発問●<br>平和のためにできていることは何か（仲間との意見交流） | |

**協働的な学び**　ワークシートを持ち，仲間との意見交流の時間を設ける。

### ■ 本時の授業を中心に見取った評価文の例 ■

　戦争や原爆について真剣に向き合い，平和のために何ができるか深く考えていました。積極的に意見を交流していました。

協働的な学びの度合い ●●●○○○　　授業準備度 ●●●●○○

原爆や戦争を遠い過去のことと考えるのではなく，真剣に向き合うことが大切であると認識させ，平和を大切に思う心情を育てる。

C18 [国際理解，国際貢献]

## 準備

・教材1　読売新聞記事（12ページに掲載）
・教材2　花瓶の写真（12ページに掲載）

## 授業の実際（1年で実施）

授業が始まるとすぐに「歪んだ白い花瓶」の写真を見せた。

### ■この写真を見て，気になることはありませんか。

■授業の関心を高め，全員参加を促す発問である。

・ゆがんでいる　・へこんでいる
・白い　　　　　・花が1つだけ入っている
・小さい　　　・不良品　　　・失敗作

自由発言の後，毎熊那々恵さんの写真を見せて，長崎市出身のデザイナーであることを説明した。「平和の尊さを伝えようと，瓶をかたどっているそうです」と言って，最初の問いをした。

### ■毎熊さんは，「平和の尊さ」を伝えるために，どうして歪んだ白い花瓶をつくったのでしょうか。

■長崎市出身ということを再確認することで原爆を想像させる発問である。

静かな時間をつくりワークシートに書かせた。その後，意図的指名で数名に発表させた。

・原爆は，このゆがんだ花瓶と同じように，人々の心もゆがませたということを伝えたかった。
・原爆で苦しんだ人々の心を再現した。
・戦争で傷ついた長崎の町を表現した。
・花がさしてあるのは，命が芽生えたということだと思う。

「モチーフとなったのは，爆心地から約550mの場所で見つかった茶色の小さなガラス瓶。ぐにゃぐにゃに曲がった形状から，2000〜4000度の熱を浴びたとみられます。収蔵先の長崎原爆資料館から借り，採取した3Dデータをもとに，形を精密に再現しました」と説明をした。

花瓶の制作の様子を，サイト「Vase to Pray Project」から写真（教材2）を見せた。

続けて，「毎熊さんは，ガラスの瓶は，どんな人が何に使っていたのかはわからない。だけど，平和な日常があったはずと言っています。

毎熊さんは，祖母が被爆者の被爆3世です。幼い頃から被爆体験を聞き，学校の授業でも平和について考える機会が多かったそうです。24歳で上京したときに，『長崎は特別だ』と気づきました」と説明した。

### ■長崎の何が特別なのでしょうか。□□に入る言葉を考えてみましょう。

原爆投下時刻，東京では Ａ が聞こえず，立ち止まって Ｂ する人も見なかった。

教材1より

■今までの自分の体験を振り返らせる発問である。

Ａ に入る言葉
・平和の鐘
・サイレン

Ｂ に入る言葉
・黙とう
・祈り

今までの平和学習の記憶があったせいか，ほとんどの生徒が同じ意見だった。

正解は，Ａが「サイレン」で，Ｂは「黙とう」

であると言うと,「やっぱりそうか」という声が出た。

「毎熊さんは,『長崎の祈りの風景は当たり前ではないんだ……』と思いました。この違和感がきっかけとなり,自分ができる方法で被爆の記憶を継承したいと思い立ちました。

原爆について学びを深めるために長崎原爆資料館を訪れたとき,被爆したガラス瓶を興味深そうに手に取る子どもたちの姿が目に留まりました。『日常的に触れ,平和を考えられる』と,『祈りの花瓶』のアイデアを思いつきました。花瓶を茶色ではなく,白色の波佐見焼(長崎県の陶磁器)で創作した理由は,子どもたちに触れやすいイメージをもってもらうためです。

毎熊さんは,この花瓶を2016年から作り始め,長崎を知ってもらうため,県外を中心に展示会を開いてきました。そして,今年は長崎でも展示会を開きました」と説明した。

**4** 🈙 **展示会場では,この花瓶に触れることができます。この花瓶に触れた人は,どんなことを考えると思いますか。**
■**戦争や原爆の悲惨さに思いを巡らせる発問である。**
・なんでこんな形をしているんだろう。
・長崎の原爆はこんなに大変だったのか,平和をもう一度見直さないといけない。
・思いがたくさん込められているのだな。
・原爆はこんなに瓶が溶けるほどの熱さだったのか。
・原爆は恐ろしいものだ。

「さきほどのサイトに次のようにありました。若い世代を中心とした平和意識の低下・希薄化が強く懸念されています。誰でもほしい情報が手に入る時代,いかにその情報が大切であったとしても,人々は"知りたい"と思わなければ情報を手に入れようとはしません。知らなければ考えることも,ましてや行動に移すこともできません」と説明し,この毎熊さんの言葉を次のように整理して提示した。

A 「平和」について知りたいと思う

B 「平和」について情報を得る

C 「平和」について考える

D 「平和」について行動する

あなたは,どれができていますか

**5** 🈳 🈴 **あなたはA,B,C,Dの中でどれができていますか。できているものをすべて選んでみましょう。**
■**平和を自分事としてとらえさせる発問である。**

A〜Dの人数を挙手で確認したところ,A…12人,B…21人,C…20人,D…3人だった。そして,自分が選んだものと仲間が選んだものについて3分間,意見交流させた。

その後,D「『平和』について行動する」を選んだ3人の意見を発表させた。
・平和を祈って折り鶴を作った。
・平和についての新聞を作った。
・けんかをしている仲間を止めた。

最後に,「この花瓶を手に取り,平和について一緒に発信していきませんか。原爆について友達と話したり,SNSに投稿したり,小さなアクションでもいい。長崎の人たちに自分にできることを考えてほしい」という毎熊さんの言葉を紹介して,授業を終えた。

●**生徒の感想**
・特別な県に生まれた私たちが平和の尊さを伝えていかなければいけません。と言っても,大きなことはできないので,ケンカをしない,みんなにあいさつをするなど小さなことから始めていくと,やがて大きなことになり,世界平和へとつながると思う。
・みんなが平和に安心して暮らすためには,まず自分が行動しないといけないと思った。自分にできる小さいことを進んで実行したい。

# 「祈りの花瓶」熱線の記憶

被爆して変形したガラス瓶をかたどった「祈りの花瓶」を手にとる毎熊さん

今、伝えたい
被爆77年 下

## 平和の尊さ 発信呼びかけ

「原爆の恐ろしさが子どもたちにも伝わりやすいと思う」。7月末、県美術館の展示会場。8歳の娘と訪れた長崎市の男性（43）の視線の先に、いびつな形をした白い「祈りの花瓶」が並んでいた。

制作者は長崎市出身のデザイナー、毎熊那々恵さん（32）（東京都世田谷区）。平和の尊さを伝えようと、原爆の熱線で変形した瓶をかたどった。

モチーフとなったのは、爆心地から約550㍍の場所で見つかった茶色の小さなガラス瓶。ぐにゃぐにゃに曲がった形状から、2000～4000度の熱を浴びたとみられる。収蔵先の長崎原爆資料館から借り、3Dプリンターを使って形を精密に再現した。

茶色ではなく、白色の波作り始め、長崎を知ってもらうため、県外を中心に展示会を開いてきた。

「どんな人が何に使っていたのかは分からない。だけど、平和な日常があったはず」。毎熊さんは思いをはせる。

毎熊さんは、祖母が被爆者の被爆3世。幼い頃から被爆体験を聞き、学校の授業でも平和について考える機会が多かった。だが、24歳で上京し、長崎は特別だと気付いた。原爆投下時刻、東京ではサイレンが聞こえず、立ち止まって黙とうする人も見なかった。

「長崎の祈りの風景は当たり前ではないんだ……」。この違和感がきっかけとなり、自分ができる方法で被爆の記憶を継承したいと思い立った。

原爆について学びを深めるために長崎原爆資料館を訪れた時、被爆したガラス瓶を興味深そうに手に取る子どもたちの姿が目に留まった。「日常的に触れ、平和を考えられる」と、「祈りの花瓶」のアイデアを思いついた。2016年から

ザイナー、毎熊那々恵さん（佐見焼で創作したのは、子どもたちに触れやすいイメージを持ってもらうためだ。

だが今年、ウクライナ侵略を続けるロシアのプーチン大統領が、核兵器使用を示唆した。「最後に核兵器が使われた長崎だからこそ、伝えられることがある」。そう考え、長崎での展示会開催を決めた。

「祈りの花瓶展2022――ナガサキを忘れない！」は、県美術館で15日まで開かれる。期間中には、近くのカフェや雑貨店で花瓶を販売するほか、被爆建造物を巡る街歩きイベントも催す。

「この花瓶を手に取り、平和について一緒に発信していきませんか」。原爆について友達と話したり、SNSに投稿したり、小さなアクションでもいい。「長崎の人たちに自分にできることを考えてほしい」と願っている。

## 教材2 「Vase to Pray Project」

https://vtp.jp/about/

若い世代の人々に戦争や原爆について「知るきっかけ」をつくりたいと、毎熊那々恵さんが立ち上げたアートプロジェクト。

原子爆弾の熱風で変形した瓶（長崎原爆資料館所蔵）

成形された花瓶

（長崎県　山中　太）

現実を受け止め前を向く姿を知る

# 2.卒業写真の意味

| | |
|---|---|
| 感 動 | ★★★ |
| 驚 き | ★★☆ |
| 新たな知恵 | ★☆☆ |
| 振り返り | ★★☆ |

web
1-2
授業用
パワーポイント

　ロシアによるウクライナ侵攻が始まり，平和の大切さを子どもたちに語りながらも，政治的中立性の担保という責務から生徒に語る難しさがあります。そうした状況下，ウクライナの高校生が廃墟となったまちで，卒業写真を撮影したという記事と出合いました。平和とは何か，生徒に実感をもたせながら考えさせたいと願ってこの授業を創りました。

## 「【侵攻4カ月】『生きていること見せたくて』 戦車の上で"卒業写真" 若者たちの門出」
テレ朝news　2022年6月24日付

### ■ 教材の概要 ■

　戦地のウクライナで高校の卒業写真が撮影された。侵攻された際に砲撃を受け，廃墟と化したまちで写されたものであった。ウクライナの学生の「葛藤」「迷い」「決意」の言葉から，「平和とは何か」を日本の生徒にも考えさせることができる教材である。

### ■ 授業構成 ■

| 0　　3 | 15 | 20 | 28 | 36 | 40 | 45 | 50(分) |
|---|---|---|---|---|---|---|---|
| ●発問●卒業写真は大切？ | ●発問●どんな点が大切なのか？ | ●発問●いちばん大切なのは？ | ●発問●ウクライナの生徒にとっても大切か？ | ●発問●ウクライナの生徒にも当てはまる？ | 教材 | ●発問●ウクライナの生徒だからこその大切さ？ | ●発問●学びの振り返り |

［協働的な学び］　班で考えを出し合い，分類する。ICT（ロイロノート）を活用する。

### ■ 本時の授業を中心に見取った評価文の例 ■

　戦時下に卒業写真を撮る意味を，さまざまな立場から考えました。同じような状況で自分が同じような発想ができるのか，世界のことや国のことまで考えられるのかと，深く自分を見つめていました。

協働的な学びの度合い ●●●●●　　授業準備度 ●●●●●

## ねらい

　ウクライナの生徒にとっての卒業式の意味を考えることを通して，平和の意味について考え，平和を大切にして強く生きていこうとする心情を育てる。

C18［国際理解，国際貢献］

## 準備

・教材「【侵攻4カ月】「生きていること見せたくて」戦車の上で“卒業写真” 若者たちの門出」テレ朝news（16ページに掲載）生徒数分

## 授業の実際（3年で実施）

　「クラスで卒業写真を撮る場所はどこがいいかな」と，過去の卒業アルバムを見せながらたずねると，「いつもいたところだから教室」「市民会館のステージ。合唱コンクールの場所で合唱をしているようなポーズで。思い出に残る合唱コンクールだったから」などの発言があった。最初の問いをした。

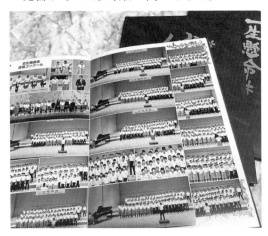

### ■1 卒業写真は大切だと思いますか。

■教材に興味をもたせる発問である。

　「大切でないという考えの人は挙手してください」と言うと，「学校に来れていない人とかは意味がもてないかもしれないし，複雑な気持ちかもしれない」という発言が出た。

「そのこと以外では大切だと思うのかな」とたずねると，さきの生徒も含め全員が手を挙げた。

### ■2 対 卒業写真はどのような点が大切なのでしょうか。

■教材がもつ価値に思考を近づけていく発問である。

　4人班で話し合わせた。班で話し合ったことをロイロノートに記入させ，各班に発表させた。9班の発表を，補足しながら，次の5つの意見にまとめた。
　①中学校を卒業する記念として大切。
　②共に中学校3年生を過ごしたクラスの仲間のことを忘れないようにできるから。
　③このときの自分の様子や表情を残せるから。
　④このような姿になるまで育ててもらった親に見せることで喜んでもらえる。
　⑤幸せであるからこそできる。
　「それぞれの意見にキーワードをつけてみましょう」と投げかけると，次のような言葉になった。
　①記念
　②仲間の記録
　③自分の記録
　④親の喜び
　⑤幸福の証し
　「『幸せの証し』とまで考えるとはすごいね」と評価し，次の問いをした。

### ■3 これら5つのなかでいちばん大切だと思うのはどれですか。

■自分が大切に考えていることを深く見つめさせる発問である。
　①記念……………14名
　②仲間の記録……　9名
　③自分の記録……　7名
　④親の喜び………　2名
　⑤幸福の証し……　3名
　挙手の後，なぜそれを選んだか隣とペアで話し合わせた。
　「⑤で『幸福』について考えましたね。確かに平和な日本にいるので幸福だと思います

が，そうではない国もあります」と投げかけると，ロシアによるウクライナ侵攻のことを発言する生徒が数人いた。「ほかにも，アフガニスタンの問題，ミャンマーの問題，コンゴ紛争など，政治的に不安定で紛争などが起きている地域や国がたくさんあります。そのなかでウクライナ侵攻はたくさんの報道があり，皆さんのなかでも心を痛めている人も多いのではないでしょうか」と説明した。

「それでは，ウクライナの中高生のことを考えてみます」と言って，次の問いをした。

## 4 卒業写真はウクライナの中学生や高校生にとっても同じように大切なのでしょうか。

■侵攻されているウクライナで，卒業写真を写すことの意味を考えさせる発問である。

「大切でないという考えの人は挙手してください」と言うと，5人が挙手をした。理由を聞くと，「場所にもよると思うが，安全を第一にしないといけないので，危険を冒して写真撮影するのは難しい」「写真を撮るというような気持ちになれないのではないか」「学校に集まるのが難しい地域もあると思う。そのなかで，子どもたちが集まって写真を撮ることはできないと思う」と3人が発表した。

「安全のこと，不安なこと，集合することが難しいことなど，卒業写真を撮ること以上に大切なことがあるという考えでしょうか。まったく大切でないと考えますか」とたずねると発表した生徒は「そうではない」と答えた。

「それでは，さっきの『5つの大切なこと』がどうなるか考えましょう」と言って次の問いをした。

## 5 探 みなさんが考えた「卒業写真がもつ5つの大切なこと」は，ウクライナの中学生や高校生にとっても同じように大切なのでしょうか。

■ウクライナの生徒にとっての卒業写真の価値を考えることから，平和とは何かを考えさせる発問である。

ウクライナの生徒も同じように大切だと思うかどうか，挙手させた。

| 【生徒が自分にとっていちばん大切】 | 【ウクライナの生徒にとっていちばん大切】 |
|---|---|
| ①記念…………14名 | 3名 |
| ②仲間の記録…　9名 | 12名 |
| ③自分の記録…　7名 | 15名 |
| ④親の喜び……　2名 | 5名 |
| ⑤幸福の証し…　3名 | 0名 |

「『記録』の大切さが増えたね。どうしてかな」とたずねると，「今の状況を忘れてはいけないと強く思っているのではないか」と言う発表が出た。

ここで教材を配付し，範読した。

「今までの問いで考えたことが出てきます。心に残ったところにアンダーラインを引いて考えてください」と指示をした。

## 6 探 新たに気づいた，ウクライナの生徒にとって「卒業写真がもつ大切なこと」には何がありましたか。

■ウクライナの生徒の思いを想像することで，さらに平和とは何かを考えさせる発問である。

挙手させて発表させた。

・現実に負けない気持ち。
・将来への希望のため。
・親の希望。
・国を立て直していくための希望になりたい。

## 7 主 今日の授業でどんなことを考えたり，自分の生き方を振り返ったりしましたか。

■学びを振り返る発問である。

・学校の思い出もどのような生活をしているかでまったくとらえ方が変わってくる。平和の大切さを身に染みて感じた。
・戦争という困難な日常のなかでもたくましく生きているウクライナの生徒の姿からすると，自分は本当に守られすぎるくらい守られたなかで生きているんだなと思った。

最後に，教材の記事が掲載されているテレ朝newsのウェブサイトに4分ほどの動画があるので，それを視聴して余韻を残して授業を終えた。

## 「【侵攻4カ月】「生きていること見せたくて」戦車の上で"卒業写真" 若者たちの門出」

テレ朝news 2022年6月24日付
https://news.tv-asahi.co.jp/news_international/articles/000259122.html

　ロシアによるウクライナ侵攻は，いつ終わるともしれません。戦火のなか，若者たちは新たな門出を迎えています。

　戦地のウクライナで若者たちが乗っているのは破壊された戦車。実は高校の"卒業写真"として撮影されたものです。

　場所はロシア軍の砲撃で廃墟（はいきょ）と化した街・チェルニヒウ。地元の高校を卒業する学生たちをウクライナの写真家が撮影しました。

　爆撃で外壁が崩れ落ちた住宅で同級生とともにポーズを取ります。変わり果てた故郷を背景にして記録した卒業写真。参加した学生の思いは……。

（中略）

　ロシア軍が侵攻して4カ月。ウクライナは6月が卒業シーズンです。

　東部のハルキウではウクライナ軍が立ち会うなか，卒業生たちが記念のダンスを披露。戦地で迎える門出をドレスアップして祝います。

　学生たちはこの4カ月，思春期ならではの「葛藤」と，「未来への希望」を抱いて過ごしてきました。

　番組は首都キーウの高校を卒業したばかりの女性を取材。

　キーウの高校を卒業・ヴェロニカさん（17）：「初めまして，ヴェロニカです」

　日本語の勉強もしているというヴェロニカさん。

　一時はポーランドに避難していましたが，故郷に帰国。今月15日，キーウの高校で卒業証書を受け取りました。

　しかしその後，予定していた卒業パーティーは中止に……。

　キーウの高校を卒業・ヴェロニカさん：「ウクライナでは食品を買うお金がない人もいるなかで卒業を祝うなんて……よろしくないこと」

　当初はドレスアップしないつもりだったといいますが，母親の友人に勧められ……。

　キーウの高校を卒業・ヴェロニカさん：「良い思い出になるように，戦争中でも楽しめるようにと勧められた。私は納得していなかった。でも，試しに着替えて鏡を見た時に，卒業式で絶対に着ると決めた」

　プロのスタイリストとカメラマンに依頼し，故郷・キーウの街でドレス姿を記録。同級生も誘い，卒業アルバムを作ることにしたのです。

　人生の岐路に立つヴェロニカさん。いまだ戦乱が続くなか，国外への避難はしないと決断しました。

　キーウの高校を卒業・ヴェロニカさん：「キーウ国際大学に入学したい。不安も感じているが，ウクライナの経済を復興しなければならない。平和になって，いつもの生活に戻ってくれることを期待している」

（熊本県　桃﨑剛寿）

| 1年 | 2年 | 3年 |

ウクライナ侵攻から考える

# 3.「キーウから遠く離れて」に込められた思い

| 感 動 | ★★★ |
| 驚 き | ★★☆ |
| 新たな知恵 | ★★☆ |
| 振り返り | ★☆☆ |

web
1-3
授業用
パワーポイント

　2022年2月24日，突如として始まったロシア軍によるウクライナへの侵攻。侵攻の経過とともに，多くの人の悲しみや苦しみが，毎日のように報道されています。その報道に対し，心を痛めながらも，どこかで「他人事(ひとごと)みたいな顔で人が死ぬ場面を見ている」のも，自身への反省を含めての事実です。いわゆる「平和ぼけ」なのかもしれません。どちらの国を非難するということではなく，何をどうなすべきでしょうか。そのようなことを考えて創った授業です。

## 「キーウから遠く離れて」

さだまさし：作詞・作曲　アルバム「孤悲」ライナーノーツ
ビクターエンタテインメント

## 「もっと知りたいもっと学びたい」 生徒弁論文

### ■ 教材の概要 ■

　侵攻後，さだまさしさんが発表した曲「キーウから遠く離れて」の中に，生徒に考えさせたい言葉がいくつもある。テンポよく紹介しながら，ライナーノーツ（CD付属の冊子）に記載されたメッセージと合わせ，一つ一つの言葉に込められた背景や思いを生徒から引き出していきたい。また，教材2の生徒弁論文を通して，国際理解や親善のために，何かできることはないかという意識を高め，行動できる生徒・支えることのできる生徒を育てたい。

### ■ 授業構成 ■

| 0 | 3 | 8 | 10 | 15 | 17 | 22 | 25 | 32 | 40 | 45 | 50(分) |
|---|---|---|---|---|---|---|---|---|---|---|---|
| 説明<br>問いかけ<br>歌詞 | ●発問●<br>なぜ自由？<br>なぜ未来？ | 教材1① | ●発問●<br>なぜ花の種？ | 教材1② | ●発問●<br>なぜ衝撃？ | 歌詞<br>教材1③ | ●発問●<br>大切な人を守る？ | ●発問●<br>平和のためにできること？ | 教材2・曲 | 感想 | |

[協働的な学び]　グループで意見を交流する。

### ■ 本時の授業を中心に見取った評価文の例 ■

　社会科が好きなので，世界のことを扱う道徳授業にはいつも強い関心をもって取り組んでいました。さだまさしさんの歌の歌詞を通して人類への貢献を考える授業では，今の自分にできること，将来になったらできることを真剣に考える姿がありました。

協働的な学びの度合い ●●・・・・・　授業準備度 ●●●・・・

## ねらい

　ウクライナへの軍事侵攻に関するさだまさしさんのメッセージを通して，世界の中の日本人としての自覚をもち，世界の平和と人類の発展に貢献するという理想を抱き，その理想の実現に努めようとする心情を育てる。

C18［国際理解，国際貢献］

## 準備

・さだまさし「キーウから遠く離れて」楽曲と歌詞
・教材1「キーウから遠く離れて」に添えられたライナーノーツ（20ページに掲載）提示・配付用
・教材2「もっと知りたいもっと学びたい」生徒弁論文（20ページに掲載）提示用

## 授業の実際（3年で実施）

　「ロシアによるウクライナ侵攻を，ロシアは特別軍事作戦と言っています。これは戦争であると言っている人もいます」と言って，その新聞記事の大きな写真をいくつか提示し，「テレビのニュース番組では，ロシアによるウクライナ侵攻のニュースが毎日のように届いてきます。人の命がなくなっているかもしれないのに，爆発などの映像を見ているときに歓声を上げている自分がいませんか。他人事のように思っている自分がいませんか。そして，ニュースが次の内容に進んだときに，爆破の映像などもすっかり忘れている自分がいませんか」と問いかけたところ，生徒は，ウクライナへの軍事侵攻に対する自分たちの態度について振り返っていたようだ。

　続けて，さだまさしさんの曲「キーウから遠く離れて」の歌詞の一部を提示した。

> 君は誰に向かって
> その銃を構えているの
> 気づきなさい君が撃つのは
> 君の 自由 と 未来 　さだまさし「キーウから遠く離れて」より

　「自由」と「未来」を隠して提示し，その隠した部分を予想させ，何人かに答えさせながら「自由」と「未来」という文字を示した。

## 🞵なぜ「自由」と「未来」なのでしょうか。

　■戦争（人が人を撃つこと）の不条理さを確認させるための発問である。
・攻撃者と見なされ，敵対してしまうから。
・人の命や大切なものを奪うから。
・新たな憎しみや怒りが生まれ，自分の命もねらわれることになるから。

　さらに，歌詞の次の部分までを示した。

> 力で生命を奪う事が出来たとしても
> 力で心を奪うことは決して出来ない
> 　　　　　　　　　　　　　　　前掲詞

　歌詞に込められた強いメッセージを感じとったようである。

　続いて，教材1の①までを示した。ウクライナへの軍事侵攻のことが示されている。そして，歌詞の次の部分までを示した。

> わたしは君を撃たないけれど
> 戦車 の前に立ち塞がるでしょう
> ポケット一杯に 花の種 を詰めて
> 大きく両手を拡げて　　　　　前掲詞

　「戦車」と「花の種」を隠して提示した。これも，隠れた部分を予想させ，何人かに答えさせながら「戦車」と「花の種」という文字を示した。

## 🞶🅰なぜ「花の種」なのでしょうか。

　■力（武力行使）に対する抵抗について考えさせる発問である。
・自分が死んでも，抵抗したあかしとなるから。
・自分が死んでも，怒りや憎しみ，悲しさを伝えるものになるから。
・自分が死んでも，守りたかった人の心に残るように。

　教材1に戻って，②までを示した。

**❸なぜ衝撃を受けたのでしょうか。**

■たとえ侵攻してくるロシア兵であっても，人として認めようとするウクライナ女性の心情をとらえさせるための発問である。

・強い抵抗の気持ちが伝わってきたから。
・自分のことだけでなく，ロシア兵の生きていたあかしを示すものとして残したいという気持ちが伝わってきたから。
・相手（ロシア兵）の命のことまで考えていたから。

続けて，教材1の全文を配付し，③の部分を範読した。生徒は，強いメッセージを感じとっていたようである。

**❹主大切な人を守るためにできることとは何でしょうか。**

■次の発問❺につなげるために，厳しい状況のなかでどうすればよいのかをあえて考えさせる，厳しい発問である。

・敵の前に，立ち塞がること。
・大切な人をかばうこと，抵抗すること。
・相手と戦うこともやむを得ない。
・命の大切さを伝えること。
・支援の手を差し伸べること。
・心配していることを伝えること。

さまざまな視点からの意見があった。危機的状況のなかでは，攻撃的な発言も出てくると思われるが，どうしてそんな考えに至ったのかを問いかけながら，考えを深めさせた。

**❺主知平和のためにできることとは何でしょうか。**

■本時のねらいに迫るまとめとしたい発問である。

個で考える時間を確保した後，グループで意見を交換させた。

・命を大切にする。
・相手の気持ちを大切にしていく。
・困っている人に支援の手を差し伸べる。
・人と人として理解し合う。
・話し合う機会をもつ。
・戦争（原爆）の悲惨さを伝えていく。
・世界で起こっていることに関心をもつ。

・戦争を反対する意志を伝えていく。

「『社会を明るくする運動』の長崎地区中学・高校生弁論大会で，次のメッセージを伝えた人がいます。きっとやまない戦闘に心を痛めているのでしょう」と言って，教材2を紹介した。同じ長崎県に住む，母がウクライナ人である中学生のメッセージである。

この状況のなか，ウクライナと日本とロシアの架け橋になりたいというその思いは，生徒を感動させたようであった。

最後に，「キーウから遠く離れて」の曲を流し，それを聴きながら感想を書く時間とした。

**●生徒の感想**

・ウクライナへの侵攻については，ニュースや新聞で知っていたけれど，無関心になってしまっていた自分に気づくことができた。
・これまでの平和学習とは違った視点で，平和について考えることができた。
・長崎の原爆や佐世保の空襲については学んでいたが，今起こっていることについて，考えることができた。
・今の日本が平和であったり，遠い国で起こっていることであったりしたため，身近に感じることができないでいた。
・ウクライナの女性が，侵攻してくるロシア兵のことまで考えていることに感動した。
・最後のメッセージで，戦争が終わってからのことを考えている中学生に驚いた。
・ウクライナから避難してきている人もいると聞いている。関わることができれば，できるだけの支援をしたい。

教材1 「キーウから遠く離れて」
さだまさし：作詞・作曲 アルバム「孤恋」ライナーノーツ　ビクターエンタテインメント

　「21世紀に…」と誰もが目と耳を疑った筈だ。ロシアによる100年も昔のような軍事侵攻は想像しなかった。「Z」マークを付けた戦車を見たとき，僕は少年時代にタイムスリップした。悪の軍団「Z団」が急に攻めてくるのは手塚漫画の世界だ。100年の内に世界の悪の枢軸は「犭」から「Z」へ，などと漫画の話ではない。現実に無辜の市民が容赦なく殺傷されているのだ。それを我々はテレビの映像で見ているという非常に不気味な状態が続く。…………………………………………… ①
　現場中継の中で衝撃のシーンがあった。町に入ったロシア兵に近づいた一人のウクライナ女性が強い口調で兵士を罵った。「あんた達は何をしにここへ来たの。とっとと帰りなさい」兵士が相手にしないのを見てこう叫んだ。「あんたたち，ポケットにひまわりの種を入れておきなさい。あんたが死んだ後にわたしがその花を眺めてあげるから」その言葉に衝撃を受けた。………………………………………… ②
　そして私達の国が不意に他国から攻められたときに僕には一体何が出来るだろうか，と考えた。杞憂に終われば幸甚だが，想像しないことは危険だろう。万が一の時わたしに何が出来るのか，何をするのかは，この国の国民の一人としてきちんと決めておくべきことではないかと思う。撃つのか，撃たぬのかも含めて，国とは何かということもだ。残念ながら僕らに鉄腕アトムはいない。……………………… ③

## 教材2 「もっと知りたいもっと学びたい」 生徒弁論文

　2022年2月24日。僕にとって衝撃が走った日。そうです。ロシアがウクライナに侵攻した日です。ウクライナとロシアと聞けば，おそらく皆さんは，暗い気持ちになり，できれば避けたい話題でしょう。でも，この話題は，みなさんをはじめ，多くの人が考えるべきことだと僕は思います。今，この瞬間も，ウクライナやロシアの人たちが苦しんでいます。
　僕は，名前からもわかるように，日本とウクライナのハーフです。もともと，ウクライナとロシアは近い間柄です。そんな両国が戦っている。毎日ニュースで見る悲惨な光景。大きな建物も民家も，粉々に破壊されているのを，皆さんもテレビで見たことがあると思います。僕の祖母は，ウクライナのオデーサというところに住んでいました。しかし，ロシア軍からの攻撃により，避難せざるを得なかったのです。幸い，ウクライナの隣国であるモルドバに避難することができました。避難はできたものの，仕事もない，住む場所もない，そんな生活に放り込まれたら，環境の変化に，心も体もついていかないと思い心配しています。交流の深かった両国が争っていることに，家族みんなで心を痛めています。
　そんな中，僕自身も「何ができるのか」を真剣に考えました。考えてみると「今の自分の環境を利用したら，僕も力になれる！」と気づきました。その環境とは，日常の会話のことです。母との日常会話は，すべてロシア語か英語です。母がロシア語で話し，それを聞いてロシア語で返したり，英語で返したりの繰り返しです。この環境を生かして，ロシア語が流暢に話せるようになれば，きっと役に立つことができると思います。そのためにも，母からロシア語をもっと学びたいと思います。
　今はまだ，戦争が続いていますが，僕が大人になる頃にはきっと終わり，復興への道のりを歩み始めていることと思います。その時に，語学を生かして，日本とウクライナとロシアの架け橋になり，復興の手助けをしたいと思います。ウクライナや世界のことを「もっと知りたい，もっと学びたい」という自分の中から湧き上がる気持ちを大切にし，一歩一歩，未来に向けて進んでいきたいと思います。

（長崎県　緒方　茂）

| 1年 | 命を大切にする | 感　動 | ★★★ |
|---|---|---|---|
| | | 驚　き | ★★☆ |
| 2年 | # 4. ヒョウのハチ | 新たな知恵 | ★★☆ |
| | | 振り返り | ★☆☆ |

**3年**

web
1–4
授業用
パワーポイント

　動物園の飼育の努力によって長生きするウォンバットについて伝える新聞記事と，戦時中，動物園で殺処分されたヒョウのお話の絵本を通して，命を大切にするためには何が必要かを考えてもらいたくて授業を創りました。

**教材**

### 「人間なら100歳超，ウォンバットの『ワイン』最高齢　ギネスブック認定」
読売新聞オンライン　2022年2月13日付

### 『ヒョウのハチ』
門田隆将：文　松成真里子：絵　小学館
<small>かどた りゅうしょう　まつなりまりこ</small>

#### ■ 教材の概要 ■

　戦争で中国にいた日本軍の成岡正久さんは，ヒョウの襲撃に悩む地元住民を助けるために，山へ退治に出かける。ヒョウの巣穴に火を投げ込んだところ，2匹のヒョウの赤ちゃんが出てきた。日本軍は，1匹を中国の動物園に譲り，やけどをしているもう1匹を育てることにした。「ハチ」と名づけられたヒョウは日本軍にとても懐いた。

　しかし1年後，日本軍は進軍のためハチを手放すことになる。成岡さんがハチを日本の動物園で保護してもらおうと奔走したところ，上野動物園に引き取られることになった。

　上野動物園でも人気者だったハチだが，戦況の悪化で毒殺されてしまった。その直後に帰国した成岡さんは，深く悲しんだ。

#### ■ 授業構成 ■

| 0 | 5 | 10 | 15 | 22 | 34 | 38 | 46 | 50(分) |
|---|---|---|---|---|---|---|---|---|
| 説明 動物園について | ●発問● 動物園の役割？ | 教材 オンライン 記事 | ●発問● 長生きなのはなぜ？ | 教材 『ヒョウのハチ』の範読 | ●発問● 戦争がなかったら？ | ●発問● 命を守るために大切なこと？ | 感想 授業で思ったこと | |

**協働的な学び**　学級全員の意見を聞くなかで新たに気づき，自分の考えを深める。

#### ■ 本時の授業を中心に見取った評価文の例 ■

　いつも教材の人物の行動や言葉の深い意味を考えていました。授業では，命を大切にすること（命の大切さ）について考えを深めていました。

協働的な学びの度合い ●●● ● ● ●　授業準備度 ●●● ● ●

## ねらい

　時代に翻弄された動物の命を通して，命の尊さを感じ，命を大切にするために何が必要かの判断力を高める。　　D19［生命の尊さ］

## 準備

・教材「人間なら100歳超，ウォンバットの『ワイン』　最高齢ギネス認定」（24ページに掲載，提示用）
・絵本『ヒョウのハチ』　提示用

## 授業の実際（3年で実施）

　「動物園にいる動物で好きな動物は何ですか」と授業の冒頭で全体に投げかけ，自由に答えさせた。生徒から，ライオン，ゾウ，キリン，カバなどがあがった。

　そのような楽しい雰囲気のなか，一通り発表が終わった後，「日本に動物園はどのくらいあると思いますか」とたずねると，「50」という声が上がった。そこで，「もっと多いよ！」と答えると，「200」と出たので，「もっと少ない！　日本動物園水族館協会のウェブサイトには，90の動物園（協会会員）が紹介されています」と説明した。
　県内にあるいくつかの動物園を紹介した。
　「動物園って，いくつもあるよね。何で？」と投げかけ，最初の問いにつなげた。

### ■動物園の役割は何でしょうか。
　■動物園の存在の意味を改めて確認する

発問である。
　挙手での発表を求めた。挙手した生徒数人に発表させた。
　・皆を楽しませるため
　・人と動物の交流の場
　・どんな動物かを知ってもらうため
　・動物の生態を知るため
　・動物を保護するため
　「さすが中学生，保護することまで知っているとは」と「保護」のことを取り上げ，補足として，「繁殖して種を未来に残し，絶滅を防ぐためという意味もあるんですよ」と説明した。日本国内の動物園で生まれた動物たちが，世界の動物園に婿入り・嫁入りしたり，逆に世界の動物園から日本に送られたりしている例を紹介した。
　「大阪府池田市の五月山動物園にはウォンバットの雄『ワイン』が飼育されています」と言って写真を見せた。

写真提供：五月山動物園

　「ウォンバットはコアラやカンガルーと同じ有袋類で，オーストラリアに生息しています。飼育下での平均寿命は20歳ですが，ワインは何歳だと思いますか？」と投げかけた。
　「正解は2022年（1月）で32歳になり，ギネス世界記録に認定されました」と教材の新聞記事を提示した。

### ■ウォンバットのワインが長生きなのはなぜでしょうか。
　■動物の飼育への理解を深める発問である。
　挙手での発表を求めた。挙手した生徒数人に発表させた。
　・ワインが一生懸命生きているから。

・飼育員がたくさん愛情をこめてしっかり育てているから。

・病気にならないよう気をつけて飼育しているから。

・ワインが長く生きることができる環境をつくっているから。

「そうですね。ワイン以外にも日本には平均寿命を超えた長生きの動物たちがたくさんいます。動物たちが長生きできるのは，飼育員の技術と愛情，環境がそろっているということで，素晴らしいですね」と話した。

「しかし，それが許されなかった時代もありました。日本が戦争していた頃に関する絵本があります」と言って，絵本『ヒョウのハチ』を提示した。生徒にこの話を知っているか聞いたが，誰も知らなかった。

そして，この絵本を実物拡大機で大きく見せながら，範読していった。

ヒョウのほかにも，『かわいそうなゾウ』(土家由岐雄：作　武部本一郎：絵　金の星社) の話にあるように，3匹のゾウが上野動物園で殺されるなど，動物園にいたたくさんの動物が戦時中に殺害されたことを説明した。

続けて，次の言葉を紹介した。

**3 対 深 戦争がなかったら，ハチと日本兵はどうなっていたでしょうか。**
■命を大切にする心情に迫る発問である。

個人で考えさせた後，4，5人の班にして考えたことを交流させた。

次のような考えを話し合っていた。

・出会っていなかった。

・長生きできたのかもしれない。

・現地の人は困っていたのだから，捕獲されていたかもしれない。

ハチは幸せになったのだろうか，不幸になったのだろうか，わからないかで挙手させるとほぼ均等に分かれた。席が近い人同士で話し合う交流をさせた。

「いずれにしてもハチの一生は戦争によって大きく変わったんだろうね」と返した。「そう思う人は手を挙げてください」と言うと，全員が手を挙げた。

「ハチの一生について学びましたが，その当時はいろいろな動物や人間が命を落としていました。動物の命にクローズアップして考えましょう」と言って，次の問いをした。

**4 主 対 生きとし生けるすべての命を守るために，私たち人間にできる必要なことは何でしょうか。**
■命を大切にする心情に迫る発問である。

個人で考えさせた後，4，5人の班にして意見交換をした。学級全体に班ごとで出された内容を発表し，共有した。

・命は一度きりだと思うこと

・戦争をしないこと

・国や人同士が良好な関係を築くこと

・思いやりの心

・相手を理解しようとすること

・人だけではなく，動物などと触れ合い，命について考えること

今日の授業を受けて考えたことを書かせた。

最後に，授業者がこの『ヒョウのハチ』を使って道徳授業を創るにあたって，剥製が高知みらい科学館に展示されていることを知り，休みを利用して会いに行ったこと，そしてその写真を見せ，「まるで，ハチが私を待ってくれていたように感じました。とても感動しました」と，そのときの写真を提示して授業を終えた。

●生徒の感想

・人間が間違えて犯した戦争に何も悪くない生き物たちが死んでいくのはおかしいと思う。災害などで生き物が巻き込まれるのは防げないかもしれないけれど，戦争は防げると思う。だから命を大切にするためには，平和な世界が必要だと思う。今，自分たちができる，他人の命も自分の命も大切にするということを心がけたい。

・人の行動によって動物たちの生死が左右されるのは，すごくいけないことだし，動物も人と同じ命をもっていることをしっかりと知り，動物たちと接していく必要があると思った。

**教材** 「人間なら100歳超，ウォンバットの『ワイン』最高齢ギネス認定」

読売新聞オンライン　2022年2月13日付

　五月山動物園（大阪府池田市）のウォンバット「ワイン」（雄）が，飼育下での史上最高齢としてギネス世界記録の認定を受けた。

　コアラやカンガルーと同じ「有袋類」で，ワインは母親が交通事故で死んだ際，袋に守られて生き延びた。人間でいえば100歳を超える長寿という。

　ワインは，タスマニア島で1989年11月に保護され，当時の体長などから同年1月頃に生まれたと推定される。世界記録は飼育開始から計算し，今年1月末時点で32歳と86日になった。これまでの記録はオーストラリアで飼育された30歳と200日。飼育下での平均寿命は20年ほどという。

　五月山動物園にやって来たのは90年5月。国内のウォンバットは，同園で4匹，茶臼山動物園（長野市）で2匹が飼育されている。

　飼育員の遠藤太貴さん（33）によると，ワインは人懐っこい性格。開園と同時に散歩し食欲旺盛で，しっかりと昼寝をする「どこまでも健康的」な規則正しい生活が特徴という。枚方市の小学3年生の女児（9）はワインの記録に「こんなにかわいいのに78歳のうちのおじいちゃんより"年上"なんてびっくり」と目を丸くしていた。

 **資料**　ハチに関する参考資料

ヒョウのハチに関するネット記事
　・「日本兵と心を通わせた豹「ハチ」の物語【前編】」　NEWSポストセブン　2017年8月15日
　　https://www.news-postseven.com/archives/20170815_603815.html?DETAIL

　・「日本兵と心を通わせた豹「ハチ」の物語【後編】」　NEWSポストセブン　2017年8月15日
　　https://www.news-postseven.com/archives/20170815_603822.html?DETAIL&_from=widget_related_pc

ヒョウのハチに関する書籍
　・『戦場の天使』浜畑賢吉：著　角川春樹事務所
　・『奇跡の歌　戦争と望郷とペギー葉山』門田隆将：著　小学館
　・『兵隊さんに愛されたヒョウのハチ』祓川　学：作　伏木ありさ：絵　ハート出版
　・『ひょうのこハチィ』小川惠玉・暁央：共著　2019年　遊絲社
　・『日本の戦争と動物たち③　動物園から消えた動物たち』牛田守彦・平井美津子：著　汐文社


（長崎県　山﨑みゆき）

| 1年 |
| 2年 |
| 3年 |

相手の立場を意識した伝え方

# 5. 情報はきちんと伝わっている?

| 感　動 | ★☆☆ |
| 驚　き | ★★☆ |
| 新たな知恵 | ★★☆ |
| 振り返り | ★★★ |

web
1-5
授業用
パワーポイント

　中学生で自分専用のスマートフォンからインターネットを利用している割合は91.1％です（「令和３年度青少年のインターネット利用環境実態調査」より）。一方，2020年にSNSに起因する事犯の被害を受けた18歳未満の子どもは1819人に上り，被害者の９割が中高生です。この現状から，今回，情報発信への問題意識を高めることに焦点を絞り，教材を開発しました。

 **教材** 『**10代からの情報キャッチボール入門**
**使えるメディア・リテラシー**』
下村健一：著　岩波書店

### ■ 教材の概要 ■

　ネット上に無数の情報が飛び交う昨今，それらの情報をうのみにせず，情報を活用する力が必要不可欠である。下村健一氏は，４つのギモンと４つのジモンを示している。こうした指標を扱うことは，情報に接する機会が多い生徒の身を守る上で，極めて重要である。今回は，生徒の実態を踏まえ，情報発信（４つのジモン）に焦点を当てた。

### ■ 授業構成 ■

| 0　1 | 　5 | 　8 | 　14 | 　18 | 　23 | 　35 | 　40 | 　43 | 　50(分) |
|---|---|---|---|---|---|---|---|---|---|
| 写真 | ●発問●<br>理由がわかりますか？ | ●発問●<br>どんな印象に変わる？ | 説明<br>４つのジモン | 指示<br>自己評価してみよう | ●発問●<br>評価の低い番号と具体的エピソードは？ | 指示<br>選んだ番号とその理由を交流しよう。 | 全体交流 | ●発問●<br>情報発信で気をつけることは？ | 感想 |

［協働的な学び］　各グループのメンバーが最も共感した事例を一つ選び，発表する。

### ■ 本時の授業を中心に見取った評価文の例 ■

　４つのジモンをもとに，自らのこれまでのネットとの接し方を振り返ることを通して，自分自身の弱い視点を確認し，情報発信の在り方を見つめ直していました。

協働的な学びの度合い ●●●●●●　　授業準備度 ●●●●●●

## ねらい

　お互いに理解し合っていると思われる友達の間柄でさえ，自分の伝えたいことはなかなか伝わっていないことに気づき，情報を届けるための4つのジモンを通じて自分自身の情報発信の在り方を振り返り，相手の立場に立った適切な言動をとる判断力を高める。

　　　　　　　　　　　　　B7［礼儀］

## 準備

・『10代からの情報キャッチボール入門　使えるメディア・リテラシー 』p.124画像（提示用）
・教材　前掲書　第3章「情報をしっかり届けるための4つのジモン」より抜粋（28ページに掲載）生徒数分

## 授業の実際（3年で実施）

　授業開始直後，「ある人が，次の場面に遭遇し，『おや？』と思ったそうです」と伝えた後，写真を提示し，次の発問をした。

前掲書　p.124

### ■「おや？」と思った理由がわかりますか？

　■自らの感性を見つめ直す発問である。

　ある生徒が，「『こちらのボタンを操作しますと，通常より開閉に時間が掛かります』という言葉が，身障者だけに向けられた言葉であり，健常者と同等に扱われていないから」と回答した。その発言を受けて，周囲の生徒

にもうなずく様子が見られたため，「この意見に共感する人？」と言うと，6名の生徒が挙手をした。「付け加えや別な視点から考えた人はいますか？」と言うと，そのうち1名が挙手をしたままだったので，指名した。すると，その生徒は，「『時間が掛かります』という言葉が，身障者の方からすれば，一緒にエレベーターを使用している方々に迷惑をかけているため，急がないといけないという気持ちになる」と回答した。さきと同様に，「この意見に共感する人？」と問うと，学級の過半数が挙手した。そこで，授業の冒頭で伝えた「ある人」が下村健一氏（以下，下村氏）であることと，彼が著書で語っていた以下の言葉をスライドで提示した。

> 　想像しよう。大勢の乗客が無言でひしめくエレベーター内で，君は車いすに乗っている。その人たちの目の前で，「これを押したら時間が掛かる」（＝皆に迷惑が掛かる）と書いてあるボタンを押すのって，ちょっと心のハードルが高くならないかな？　前掲書　p.125より一部抜粋

　下村氏は，教材の書籍で，「開閉をゆっくりできます」としてはどうだろうかと提案していることを説明し，次の発問を行った。

### ■このように言い換えると，どんな印象に変わりますか。

　■言葉の与える印象を問う発問である。

　・優しい感じがする。
　・ボタンの説明がされているだけで，身障者と健常者を区別していない。
　・伝えたいことはきちんと伝えている。

　下村氏は，こうした情報を相手に届ける際に，「キズつけてないかな？　〈優しさ〉」と，一度，自分自身に問い直すことの必要性を書籍で語っていることを伝えた。そのほかにも3つの視点があり，それらを合わせて「4つのジモン」としてまとめ，情報発信をする際に気をつけてほしいこととして確認した。生徒たちには，項目ごとに具体例を交えながら説明した。授業では，教材（p.28）を印刷し，

配付した。各項目における自分自身の現状を振り返らせるため、4段階（4：よくできている　3：まあまあできている　2：あまりできていない　1：まったくできていない）で自己評価させた。また、自己評価の低かった項目については、具体的エピソードを記述させた。

### ❸（対）（深）評価の低い番号はどれですか?

■自らの課題を意識させる発問である。

生徒に自己評価をさせている間、黒板に「4つのジモン」を等間隔で横並びに書いた。すべての生徒が自己評価を書き終えたところで、「自己評価の低かった番号（2つ以上ある生徒は、具体的エピソードのうちの1つ）の隣に、名前カードを貼ってください」と伝えた。名前カードを貼らせたところ、学級では、次のように分かれた。

1．何を伝えたいの?　　〈明確さ〉　5名
2．キメつけてないかな?〈正確さ〉　7名
3．キズつけてないかな?〈優しさ〉　5名
4．これで伝わるかな?　〈易しさ〉　4名

その後、グループ交流の流れを確認した。

---

①リーダーを決める。
②リーダーから順に時計回りで発表する。
③具体的エピソードについて話す。質問があれば、適宜、発表者に行う。
④リーダーは、グループ内で出た考えを全体に発表できるように整理しておく。

---

7名のグループは、3名と4名に分けて、交流させた。グループ交流後、リーダーにグループ内で行われた内容を報告させた。各グループで出た内容は、おおむね以下の通りである。

### 1．何を伝えたいの?　　　〈明確さ〉

・主語がなくて、母親に「それで、あなたは結局、何が言いたいの?」と言われる。
・話が長くなって、自分自身が何を言おうとしていたのか、わからなくなること

がある。
・人前で立ち話をするとき、途端に頭が真っ白になり、伝えたいことがわからなくなる。

### 2．キメつけてないかな?　〈正確さ〉

・妹がこれまでのことを知っていると思って話をしていたら、知らなかった。
・母が私に「お風呂を準備しといて」と言ったのでお風呂を洗ったら、「何でお湯をはってないの」と怒られた。

### 3．キズつけてないかな?　〈優しさ〉

・前日、学校を休んでいた友人が登校してきていたので、冗談で「昨日、サボっただろ?」と言うと、期待した反応が返ってこなかった。
・友人に対して、ある友達との間での愚痴をこぼしていたら、その子にも共通するような話になり、気まずくなった。

### 4．これで伝わるかな?　　〈易しさ〉

・文化発表会実行委員で、クラスメートに指示を出す際、うまく伝えるために考える。
・博多弁の「なおす＝収納する」が首都圏にいるおじいちゃんには「修理する」と伝わってしまい、方言の解釈で戸惑わせた。

「なるほど」と共感的な反応を示す生徒たちの姿があり、それぞれのグループの意見を聞きながら、相手に伝えることの難しさを4つの観点から具体的エピソードを通して、深く理解することができていると感じられた。

### ❹（主）これから情報を発信する際に、どんなことに気をつけていこうと思いますか?

■情報発信について見直す発問である。

ワークシートは、「これまでの自分」と「これからの自分」とを区別しながら考えられるように構成した。

・これまでは思ったことがすぐ言葉に出ていたので、これからは相手の立場に立ち、寄り添うことを意識する。
・これまでは自分が話したいことから話していたけれど、これからは伝えるべきことから話すようにする。

**教材** 『10代からの情報キャッチボール入門　使えるメディア・リテラシー』

下村健一：著　岩波書店　第3章「情報をしっかり届けるための4つのジモン」より一部抜粋

### 1．何を伝えたいの？　　〈明確さ〉

　誰かに情報を発信する前に，まず「私はいったい，何を伝えたいのか」を自分自身の胸に取材しよう。情報を受け取った相手に，要するに何をわかってほしいのか。どうしてほしいのか。そのことをハッキリさせることによって，情報の発信の仕方，内容や表現が明確になってくる。ここが定まらないまま，なんとなく出された情報は，意味不明で受け手を戸惑わせてしまう。　　　　　　　　　P.106

### 2．キメつけてないかな？　〈正確さ〉

　自分は正直なつもりなのに，伝える時の表現の仕方によって，あるイメージの決めつけや押しつけになっていないかな，それによって正確さが失われて，結局「不正確なこと（＝嘘）を言った」のと同じことになってしまっていないかな，ということだ。　　　　　　　　　　　　　　　　　　　　　　　　　　p.112〜123

### 3．キズつけてないかな？　〈優しさ〉

　悪意がない情報発信でも，無意識に相手を深く傷つけてしまう場合も，実は少なくないんだ。そんなつもりじゃなかったと後悔する前に，「この表現で誰かを傷つけてないか」確認する習慣をつけよう。目指すは，〈言葉の非暴力〉。　　　　　　　p.120

### 4．これで伝わるかな？　　〈易しさ〉

　〈優しさ〉と並んで，もう一つ大切な“やさしさ”がある。それは，〈易しさ〉——つまり，簡単さ・わかりやすさだ。私たちは，何か情報を発する時，つい自分が持っている知識量を基準にして言葉を決めてしまいがちだ。でも本当に大切なのは，情報を受け取ってもらう相手側の持っている知識量。そこに合わせた表現をしなければ，せっかく投げたボールもキャッチしてもらえるはずがない。　　　　p.129

**参考　下村健一さんのプロフィール**

　TBSアナウンサーなど報道現場25年。「筑紫哲也NEWS23」「サタデーずばッと」などにレギュラー出演。その後，民主・自民の3政権で内閣審議官（首相官邸広報）などを務める。東京大学客員助教授，慶應義塾大学特別招聘教授などを経て，現在は白鴎大学特任教授。インターネットメディア協会リテラシー部会担当。令和メディア研究所主宰。『想像力のスイッチを入れよう』（講談社），仕掛け絵本『窓をひろげて考えよう』（かもがわ出版）などの著書多数。2015年から小5国語教科書にもメディアリテラシーの説明文を執筆，各地で訪問授業を実践中。

下村健一オフィシャルサイト　http://shimomuraken1.com/

（福岡県　水流弘貴）

| 1年 |
| 2年 |
| 3年 |

多角的に物事をとらえる

# 6. 自分の「カエル」を見つけよう

| 感 動 | ★★☆ |
| 驚 き | ★★☆ |
| 新たな知恵 | ★★☆ |
| 振り返り | ★★☆ |

web
1-6
授業用
パワーポイント

　SNSに関わる生徒間トラブルは後が絶えません。常に，被害者でも加害者でもありえます。小さな画面越しのコミュニケーションは視野狭窄に陥りやすく，最悪の場合，追い詰められた果てに自ら命を絶つ報道に心が痛みます。そこで，事実の多角的なとらえ方の練習をゲーム感覚でグループ活動，個人で行い，それらの活動で得た見方や考え方を用いて，コミュニケーション問題解決の糸口を見つける授業を創りました。

## ほかの見え方を考える
## ４つの「カエル」の図解資料
自作教材

### ■ 教材の概要 ■

　宮崎中央新聞社は講演会の専門紙として「日本講演新聞」を発行している。2926号は白鴎大学特任教授 下村健一氏の「初耳の情報に出会ったら言う４つの言葉」が紹介されている。そのなかの「三　他の見え方もないかな？」から，事実を多角的に見る活動（アクティビティ）を「変える」＝「カエル」という言葉を意識して行うアイデアを学ぶことができる。この記事を参考に，この「自分の『カエル』を見つけよう」の授業を創った。

### ■ 授業構成 ■

| 協働的な学び | 動作化を取り入れた活動を行う。 |

### ■ 本時の授業を中心に見取った評価文の例 ■

　一つの事実を多角的にとらえる活動を通して，見方や考え方を変えることで感じ方や受け取り方が違うことを理解するとともに，新たな見方や考え方を自分自身で見つけようとしていました。

協働的な学びの度合い ●●●●●●　　授業準備度 ●●●●●●

事実を多角的にとらえる活動を通して，それぞれの立場を尊重し，寛容の心をもって，いろいろなものの見方や考え方を理解し，判断力を育てる。

B9［相互理解，寛容］

## 準備

・教材1〜5　自作教材（32ページに掲載，掲示用）

## 授業の実際（1年で実施）

教材1の「ルビンの壺」の絵を提示し，気づいたことを発言させると，「壺が描かれている」「人の顔が描かれている」と発言があった。「皆さんはこの絵を見たときに，ほかの見え方はないか，想像力のスイッチを入れました。想像力のスイッチを入れたのは，皆さんの心のなかに住んでいる『カエル』です。それでは，いくつかのアクティビティで皆さんの『カエル』に活躍してもらいましょう」と言って，カエルのイラストを黒板に貼った。

最初は「逆レポートごっこ」である。そのアクティビティの内容説明をわかりやすくするため，黒板に教材2の「熊と人間とマイク」のイラストを提示した。

### 1 人間の立場，熊の立場で「人間が住んでいるところに熊が出た」という事実をレポートするとどうなるでしょう。

■立場を変えると見え方が違うことに気がつく発問（アクティビティ）である。

クラスを6班に分け，半分を人間レポーターが「人里に熊が出た」という事実を伝え，もう半分は熊レポーターが「人間が住んでいるところに熊が出た」という事実をレポートするように伝えた。

---

**人レポーター**

・人里に熊が出て農作物を荒らし，大変な被害となっています。
・人里に熊が出て人間に危害を与え，大変困っています。
・人里に熊が出て，住民たちは恐怖で家から外に出ることができません。

---

**熊レポーター**

・食べ物を求めて山を下りたら，とてもおいしそうな野菜が植えてありました。
・普通に歩いていたら，人間から銃を向けられ命の危険を感じました。
・もともと熊のすみかだったこの地域に勝手に住みついた人間のせいで熊の生活は脅かされています。

---

それぞれの班の発表を終えて，「人間が住んでいるところに熊が出たという事実は一つなのに，立場が変わると違ったとらえ方になりませんか？」と教師側でこのアクティビティのねらいを明らかにして，このカエルに「立場をカエル」と名前を板書した。

続けて教材3を提示し，グラフを指し示しながら「いじめの相談件数が昨年度より増えています。この話は事実です」と説明し，次のアクティビティ「これは事実です」に進む。

### 2 このグラフを見て，よいことと思いますか，悪いことと思いますか。

■重心を置くところによって見え方が違ってくることに気づかせる発問（アクティビティ）である。

第一印象で感じた方に○をつけて，その理由も書くように指示をした。それぞれの判断に，なぜそう考えたか理由を聞いていった。

---

**悪いこと**

・いじめが増えているということ。
・いじめの相談が増えることはいじめが増えたということ。

---

```
よいこと
 ・相談しやすい状況になった。
 ・泣き寝入りする人が減った。
```

同じグラフを見ているのに「いい話」と「悪い話」のまったく逆の見方がある事実を確認し，このような状況がなぜ起きるのかを加えて問うと，「相談が増えた面ではよいが，いじめが増えた可能性がある面では悪いと感じます」という発表が出た。「たしかに，重心をどちらに置くかの問題で，どちらも正しい考えだね」と返し，カエルに「重心をカエル」と名前をつけて板書した。

続けて，「次は『角度をカエル』というアクティビティをします」と言って，学級の生徒2名を立たせ，ソーシャルディスタンスをとった距離で，次の発問をした。

## ❸ 2人が近くに立っているように見える位置や角度を考えよう。このことはどんな学びにつながるでしょうか。
■位置や角度によって見え方が違ってくることに気づかせる発問（アクティビティ）である。

挙手した生徒に発表させると，起立した2人が重なるような角度になる位置に立って説明した。そこで「それでも距離が少しあることはわかるよね」と言うと，ほかの生徒から「もっと離れるとよい」「カメラの機能を使って写すとよい」という意見が出た。ここで教材4を提示し，実際には離れていても近くに見えることについて説明をした。

このことからどんなことが学べるかたずねると，2人の生徒が「いろいろな角度から物事を見ないと正しいことはわからない」「ぱっと見ただけで判断しないで，ゆっくりといろいろな人からも意見を聞く」と発表し，板書した。

「最後のカエルは『順番をカエル』です。理科の授業中に誤って実験道具を破損させてしまった生徒が先生に話をしているところです」と言って教材5を提示した。理由をさきに行って謝罪するか，謝罪して理由を言うかである。

## ❹ 対 順番を変えることで印象はどのように変わるでしょうか。
■順番を変えると受ける印象が違うことに気づかせる発問（アクティビティ）である。

ペアで動作化を行うアクティビティである。理科のA先生と，実験器具を壊したBさんの役割である。A先生の役が「あら，壊れてしまったね。けがは大丈夫？」というセリフを言い，Bさんの役が教材の①②の言い方をする。そして役割を交代する。

活動を終えて，順番を変えて印象が変わったか5段階で聞いた。

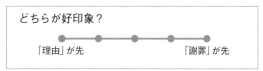

理由を先に言って謝罪するよりも，謝罪して理由を言う方が好印象だというペアが多かった。「同じことでも，言う順番が変わるとイメージが変わるものですね」と振り返った。

## ❺ 主 深 ほかのカエルも探してみましょう。
■アクティビティを通して気がついた「カエル」以外にも「カエル」がいないかを深く考えさせる発問である。

個人で考えた後，挙手で思いついた「カエル」を挙手した3人に発表させた。どのようなカエルかも説明させた。

・場所をカエル。家で考えるか，学校で考えるか。静かなところで考えるか，にぎやかなところで考えるかで変わると思う。

・時間をカエル。食事の前後とか，朝か夜かで変わるかもしれない。

## ❻ 主 あなたはどのカエルを大切に育てたいですか？
■授業のまとめを未来志向で行う発問である。

アクティビティのなかでいちばん印象に残ったものや，これからの生活で役立ちそうな「カエル」はどれかを，ワークシートにまとめさせて，授業を終えた。

## 教材

### 教材1　ルビンの壺

### 教材2　立場をカエル

### 教材3　重心をカエル

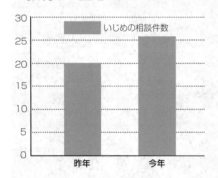

いじめの相談件数

### 教材4　角度をカエル

この角度で見ると，離れているように見える！

この角度で見ると，接近しているように見える！

### 教材5　順番をカエル

謝罪①
　よく説明を聞いていませんでした。
　実験道具を壊してしまい，すみません。

謝罪②
　実験道具を壊してしまい，すみません。
　よく説明を聞いていませんでした。

※参考
「SNS時代の情報リテラシー」下村健一：著　日本講演新聞
宮崎中央新聞社　2022年4月18日付　2926号

（福岡県　肘井千佳）

| | |
|---|---|
| 1年 | |
| 2年 | |
| 3年 | |

グラフに込められた思いを見抜く

# 7. データはかたる

| | |
|---|---|
| 感　動 | ★★☆ |
| 驚　き | ★★☆ |
| 新たな知恵 | ★☆☆ |
| 振り返り | ★★★ |

web
1-7
授業用
パワーポイント

全国学力学習状況調査の結果を見て，私たち教職員は指導方法を振り返り，改善を進めます。ところが，レーダーチャートを使い曖昧に示して，「ほとんど問題ありません」と紹介するような大人もいます。データをどう表すかでイメージはまったく変わります。子どもたちには真実を見抜き，乗り越えていく態度を培ってほしいと願い，創った授業です。

 **「数学テストの成績の推移を表した4つのグラフ」** 自作教材

### ■ 教材の概要 ■

　本教材は，読み物のない，「４つのグラフ」だけである。
グラフの縦軸の範囲のとり方や，データの一部を隠すことで，どういうイメージになるか，どういう思いが込められているのかを，自分の生き方と重ね合わせて考えさせる教材である。子どもたちの身の回りにある，社会問題を含め，データ処理されたいろいろな情報に対し，道徳的な視点でとらえることができるようになればとても有益なことと考える。

### ■ 授業構成 ■

| 0　2 | 　5 | 　10 | 　15 | 　20 | 　32 | 　42 | 46　50(分) |
|---|---|---|---|---|---|---|---|
| 導入 | 教材 | ●発問●<br>グラフ1の<br>＋，－？ | ●発問●<br>グラフ2の<br>＋，－？ | ●発問●<br>グラフ1と<br>2では？ | ●発問●<br>グラフ3の＋，－？ | ●発問●<br>グラフ2と3では？ | ●発問●<br>グラフ4を<br>どう思う？ | 感想<br>交流 |

（表は本来の列構成に準ずる）

协働的な学び　ロイロノートで全員の意見を共有・閲覧，直接交流する。

### ■ 本時の授業を中心に見取った評価文の例 ■

　友達と交流して多面的に考える姿が印象的でした。「データはかたる」の授業では，自分の見方と異なる考えから，他者を大切にしようとする気持ちを育んでいました。

協働的な学びの度合い ●●○○○○○　　授業準備度 ●●○○○○

## ねらい

　同じデータでもグラフにはさまざまな思いが込められていることに気づき，自分の弱さから目を背けることなく課題を受け止める判断力を高め，よりよく生きようとする態度を育てる。　　　　D22[よりよく生きる喜び]

## 準備

・教材「4つのグラフ」（36ページに掲載）掲示用，配付用として生徒数分

## 授業の実際（1年で実施）

　黒板に「データはかたる」と板書する。「『かたる』の漢字がわかりますか」と言い，「語る」と板書した。「ほかにも『騙る』があります。うまいことを言ってだますという意味です」と説明し，板書した。「だますとまでは言いませんが，わかりやすく伝えようという気持ちでデータを表現することがあります。それでは，数学のテストを受けた太郎くんの心をのぞいてみましょう」と言って，次の表を見せた。

|  | 5月 | 7月 | 9月 | 11月 |
|---|---|---|---|---|
| 数学テストの得点（点） | 90 | 83 | 88 | 90 |

　結果を伝えるため太郎さんが作成したという設定の教材の4つのグラフを提示した。縦軸の範囲がグラフ1は0点から100点に，グラフ2以降は80点から90点であることを説明した。「それぞれのグラフに，太郎さんはどんな思いを込めているのかな」と投げかけて，最初の問いをした。

**1グラフ1を使うことで，「アピールできること：＋」「都合が悪くて隠せること：－」は何でしょうか。**
　■グラフに込めた思いを類推させ，多面的にある思いを想像させ気づかせる発問である。

「ほかのグラフと比べてどのような印象ですか」と聞くと，「差がほとんどないと感じる」という発言が出た。続けて問いに対する考えを出させた。
**アピールできること：＋**
　・安定している。
　・どのテストも高得点であった。
**都合が悪くて隠せること：－**
　・2回目の点数が下がっていることをわからなくしている。
　「そのような思いが見え隠れしますね。次のグラフは縦軸の範囲を狭くして，変化をわかりやすくしたものです」と言って，グラフ2を提示した。そして次の発問をした。

**2グラフ2を使うことで，「アピールできること：＋」「都合が悪くて隠せること：－」は何でしょうか。**
　■2つめのグラフに込めた思いを類推させ，1つめとはまた違った思いを想像させ気づかせる発問である。
　「グラフ1と比べると，込めた思いも違っているかもしれませんね」と視点を与え，ワークシートに記入させながら考えさせた。
**アピールできること：＋**
　・テストだから上がったり下がったりすることを伝えることができる。
　・3回目，4回目のがんばりを大きくアピールしている。
**都合が悪くて隠せること：－**
　・2回目の点数が下がっていることが，3回目，4回目でがんばったことで目立たなくしている。

**3 主 探 自分自身の成長のためにはどちらのグラフがよいと思いますか。**
　■グラフでかたる方法に，自分の生き方を重ね合わせて考えさせる発問である。
　隣同士話し合わせた後，二人が挙手して発表した。
　・自分を奮い立たせたいから，厳しいけれどグラフ2がよい。
　・自分は細かいことを気にしすぎるタイプだから，グラフ1がよい。

双方の意見を大切に受け止めた後，「同じような思いをもった人は手を挙げよう」と指示をすると，双方共に挙手が見られた。

次に，「グラフ3は，1回目の結果を使っていませんね」と説明して次の発問をした。

**4** グラフ3を使うことで，「アピールできること：＋」「都合が悪くて隠せること：－」は何でしょうか。

　■3つめのグラフに込めた思いを類推させて，意図を想像させ気づかせる発問である。

「なぜ1回目を出さなかったんだろうね」と視点を与え，ワークシートに記入させながら考えさせた。

**アピールできること：＋**

・成績が向上しているイメージがとても強調できる。

この意見の発表の後に「1回目を隠すのはずるいと思う」という意見が出た。そこで隣同士で，どう思うか話し合わせた。そのなかで，「別に悪くはなかった1回目を出さないと，ずいぶん印象が変わるなと思いました」という意見も出た。

**都合が悪くて隠せること：－**

・2回目が実は悪かったことを隠せる。

「そうだね。このようなグラフを見たら，範囲以外のデータはどうだったんだろうかという視点が増えましたね」と価値づけをした。

**5** 主 継 自分自身の成長のためにはグラフ2とグラフ3とでは，どちらのグラフがよいと思いますか。

　■グラフでかたる方法に，自分の生き方を重ね合わせて考えさせる発問である。

これも隣同士話し合わせた後，挙手を求めると3人が発表した。

・正直にすべての結果を見せた方がよい。

この意見には，同調する生徒が多かった。

・一度下がったことを忘れないためにもグラフ2がよい。

・ほめられて伸びるタイプだからグラフ3がよい。

ここでも3つの意見を大切に受け止め，「縦軸と同様，横軸の範囲を変えるとイメージが変わりますね」と確認した。

最後のグラフ4を提示した。グラフ3を立体的に表示し，さらに矢印を加えたものであることを説明した。生徒は「見たことがある」「宣伝チラシで見た」と発言した。

**6** このグラフを見て，どう思いますか。

　■意図が見えやすいグラフから，込められた思いに気づかせる発問である。

これも隣同士話し合わせた後，挙手を求めた。4人が発表した。

・得点が上がったことをアピールしている。

・やり過ぎで，よいイメージがもてない。

・ここまで開き直ったら，ある意味面白い。

・冷静にグラフを見るようになりたい。

最後に授業の感想を書かせて，ロイロノートで全員の意見を共有し，それぞれの感想を閲覧させた。そして，質問したい生徒のところに行き聴き合うなど，直接交流をさせて授業を終えた。

**●生徒の感想**

・このグラフだけでなく，4つのグラフを見て，同じデータなのに印象がまったく違うグラフがいくつもできると思った。怖いと思った。

・グラフが嘘をついていることはないが，使い方では「騙る」ことがある。

・データをグラフに表すとき，みんなのためになっているかを考えることが大切。

・データを自分の都合がよいように扱っていると，自分をだましてしまう気がした。

・数学のグラフを学ぶ授業のようだったが，実はそのなかにある正直な心や向上したい意欲などが込められていることを知り，「ああ，道徳なんだなあ」と思いました。

・今，社会では根拠を示すことの大切さがよく言われ，グラフなどが用いられます。そんなときに今日の授業は役に立つと思います。

**教材** 「数学テストの成績の推移を表した4つのグラフ」　自作教材

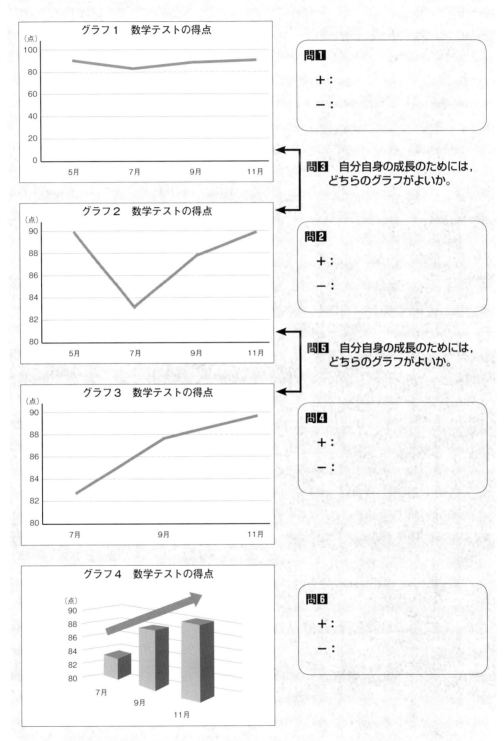

グラフ1　数学テストの得点

問**1**

＋：

－：

問**3**　自分自身の成長のためには，
　　　どちらのグラフがよいか。

グラフ2　数学テストの得点

問**2**

＋：

－：

問**5**　自分自身の成長のためには，
　　　どちらのグラフがよいか。

グラフ3　数学テストの得点

問**4**

＋：

－：

グラフ4　数学テストの得点

問**6**

＋：

－：

（熊本県　桃﨑剛寿）

# 「命の大切さ」という礎を
# 心のど真ん中に
# 据える

　2020年度小・中・高等学校の自殺した児童生徒数は415人（文部科学省調べ）で過去最多となった。2021年度は減少したもののここ数年は増加傾向にある。自殺の理由にあげられた家庭不和，父母等の叱責，進路問題，友人関係，いじめなどに，道徳科の授業で迫ることができる可能性に期待する。そうして中学生の心のど真ん中に，「命は大切だ」「生き抜く」「殺めない」などもろもろの感情を据えていく。そのような効果をもつ道徳科授業を追究し実践していきたい。

　「命は大切だ」などということは，誰もが「知って」いることである。しかも，「今」を元気に生きている中学生にとっては，実感しにくい「命の大切さ」である。自分との関わりとしてとらえるには，心に染み込むように感じさせるには，道徳授業をどのようにすればよいのだろうか。

　この章では，中学生の心に引っかかるヒントを含んだ多様な教材を使い，多面的な視点からアプローチを図り，多角的な迫り方で真剣な学びに高めていく。そのバラエティーに富んだ豊かな授業群で迫ることを提案したい。それぞれの教材がもつ深さだけでなく，教材群の幅の広さが際立った道徳授業記録の7本である。

# 「命の大切さ」という礎を
# 心のど真ん中に据える

　D19［生命の尊さ］に大きく関わる3本の授業。
**「ハッテンサンイチ」**は，「死にたい」という気持ちと同じくらいに「生きたい」という気持ちがあることに気づかせることで，客観的に判断することで命を大切にする態度を育てる。**「寂しくないよ　2枚の動物愛護ポスター」**は，2枚のポスターを使い，ペットを大切に育てることから生きとし生けるものの命の大切さを考えさせる。**「なぜ知ろうとしなかったのか　～フリーレンの後悔」**は，漫画を教材に使い，寿命が長い妖精の感じた人の人生の短さと精いっぱい生きる尊さ・命を燃やす意味を考える。

　ぐんと，自分を振り返りやすい教材を使った授業が2つ。わが国が世界で最初に配付した母子健康手帳の意義を教材化した**「母子健康手帳の意味」**。結婚式で作成したムービーを教材化した**「両親への手紙」**。家族との関わりのなかで，親の心の声を心に刻み，命を大切にしていく心情を育てる授業である。

　さらに，リンゴの種がリンゴを作る樹木に成長することへの純粋な疑問を畏敬の念に昇華させた**「感動から生まれる感謝と尊敬の心」**。フードロスの問題から，食べ物への感謝から生きることの尊さを感じる**「ごちそうさまって言われたかった」**。

　生きることの意味を考え，素晴らしさを感じる。そして，子どもたちの思考の幅を広げ，自分の人生に期待がもつようになる7つの実践である。

| 1年 |
| 2年 |
| 3年 |

**大切な人を意識した生き方**

# 8.ハッテンサンイチ

| 感 動 | ★★★ |
| 驚 き | ★☆☆ |
| 新たな知恵 | ★☆☆ |
| 振り返り | ★★★ |

**web**
2-8
授業用
パワーポイント

人は互いに矛盾し，相反する気持ちを同時に抱えることがあります。振り子のように揺れる気持ちに気づかせることが，極端な行為を抑制することにつながるのではと考えます。死にたいと感じるほど，つらく苦しいときにも，自分のなかにある，それでも生きようとする気持ちに気づいてほしいと考え，授業を創りました。

**詩「気持ちのひとかけら」**
千葉孝司：作
**教材**
**歌「ハッテンサンイチ」**
千葉孝司・いとたい：作詞
千葉七施・いとたい：作曲

### ■ 教材の概要 ■

アンビバレント（相反する感情や考え方を同時に心に抱いている様子）で揺れる気持ちを表現した「気持ちのひとかけら」と，子どもの自殺の多い9月1日に届けるとしたらという視点で書かれた「ハッテンサンイチ」。「死にたい」と思わずつぶやきたくなるような中学時代に必要な教材であると感じる。

### ■ 授業構成 ■

| 0 | 10 | 15 | 22 | 28 | 35 | 40 | 45 | 50(分) |
|---|---|---|---|---|---|---|---|---|
| ●発問● 誕生日前にどんな声かけ？ | 教材1 | ●発問● 同じ経験？ | ●発問● からかわれたらどんな気持ち？ | 説明とグラフ | ●発問● 何のグラフ？ | 教材2 | ●発問● どんな言葉をかける？ |

**協働的な学び** どこに線を引いたか，近くの生徒と交流。共通点と相違点に気づかせる。

### ■ 本時の授業を中心に見取った評価文の例 ■

死にたいの背後にある生きたいという気持ちを知り，自分自身へのメッセージを書くなかで命の大切さを実感していました。

協働的な学びの度合い ●●●●●●　　授業準備度 ●●●●●●

## ねらい

人が相反する気持ちを抱えていることを知り，苦しいときにも命を大切にしていこうとする意欲を高める。　　D19［生命の尊さ］

## 準備

- 教材1　「気持ちのひとかけら」（42ページに掲載）　生徒数分
- 「18歳以下の日別自殺者数のグラフ」『平成27年版自殺対策白書』厚生労働省から抜粋
- 教材2　「ハッテンサンイチ」の歌詞（42ページに掲載，生徒数分），動画（YouTubeチャンネル・いとたいレコーズ）
https://www.youtube.com/user/itotaiki

## 授業の実際（1年で実施）

導入で，自分が生まれたときのことを想起させる。さまざまな家庭環境にある生徒を考慮し，直接親のことを問うことはしない。自分自身の誕生の瞬間を想像させることで，自分の人生を慈しみ，応援する立場をとらせたい。

**1 主 みなさんの誕生日はいつですか。生まれた前日に，自分を生んでくれた人にメッセージを伝えられるとしたら，どんな言葉をかけたいですか。**
■自分の人生の最初を想起させる発問である。

挙手した生徒を指名して発表させると，「とにかくがんばって」「大変だけど無事生んでね」と祈るような気持ちを言っていた。
「生まれてから，これまでたくさんのことを経験してきました。もちろん楽しかったことばかりではありません」と語り，続けて教材1を配付した。そして，「これから詩を読みます」と言って最初の発問をした。

**2 主 対 自分にもそんな経験があるなと思うところがありましたか。その**部分に線を引いてみましょう。
■自分自身のこれまでを振り返らせる発問である。

机間指導をしていると，次のところにアンダーラインを引いている生徒が多くいた。

- ・からかわれてムカついた　でも　気にしてないと言った
- ・どうしていいかわからなかった　でも　大丈夫と言った

このように，感情を表出させなかった経験をほとんどの生徒が選んでアンダーラインを引いていた。
どこに線を引いたか，近くの生徒と交流させた。共通点と相違点があることに気づいていた。
次に，「誰かが，あなたをからかっているとしたら，その誰かがからかっているのは，大切な一つの命です。あなたが，誰かをからかっているとしたら，あなたがからかっているのも，大切な一つの命です」と伝え，命を大切に扱っていない場面を思い起こさせた。

**3 主 誰かにからかわれたとしたら，あなたのなかにどんな気持ちがありますか。書き出してみましょう。**
■自分を責める気持ち，相手を責める気持ち，それぞれの気持ちを考えさせる発問である。

挙手した生徒を指名して発表させる。

- ・ムカつく。
- ・特に気にしない。
- ・こんなふうに思われたのかと思うが，気にしないふりをする。
- ・自分もしていることがあるから許す。
- ・何でそんなことするんだろう。

生徒の発表に対して，「いつでも，そうなの？」「その気持ちはどれくらい続きそう？」といった問い返しをすることで，自分のなかに相反する気持ちがあることに気づかせた。
「からかわれたわけでなくても，生きているといやなことはたくさんあります。ときには生きていたくないと感じることさえあるでしょう。口から『死にたい』という言葉がもれることもあるでしょう。でもそのとき心の

なかには『死にたい』だけでなく実は，同じ強さで『生きたい』もあるのです。

すごく死にたいときは，すごく生きたいのです。それは振り子のようです。大きく思うときに反対にも大きく思っているのです」と語った。

生徒は真剣に聞いていた。

「でも片方にだけ目を向けると反対のものは見えにくくなります。『死にたい』は『命を終わらせたい』ではなく，『今の状態では嫌だ。もっと自分らしく生きたい』ということなのです」と説明し，次のグラフをタイトルなどは隠して掲示した。

**18歳以下の日別自殺者数**

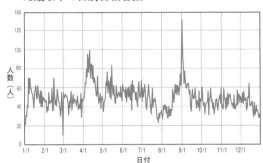

『平成27年版自殺対策白書』厚生労働省から抜粋

## ❹このグラフは何のグラフでしょう。

■多くの若者が自ら命を絶っているという現実を考えさせる発問である。

生徒は，何かわからない様子であった。

「これは18歳以下の子どもの日別の自殺者数です。何か気づいたことはありますか」と聞くと，グラフから学校の夏休み明けになる時期に子どもの自殺が多いことに，生徒は驚いていた。

「この状況に心を痛めて作られた曲があります」と説明して，教材2「ハッテンサンイチ」の歌詞を配付して曲を視聴させた。

その後，「この曲は命を絶とうとする前日に伝えたいメッセージとして作られています。死んだら楽になれると多くの人は考えるようですが，生きるのをやめるのは悲しみが始まることなのです」と曲のタイトルの意味を説明した。

歌う いとたい さん

❺ **主発** これから先，生きるのをやめたいと強く思う日がくるかもしれません。その前日にメッセージを伝えられるとしたら，自分にどんな言葉をかけたいですか。

■自分自身の大切さに気づかせる発問である。

生徒は静かにワークシートに書き込んだ。交流をしないことを告げ，思ったことを書くよう伝えた。

・自分の最期の願いが死にたいでいいの？
・周りに必ずあなたのことを思ってくれている人がいるよ。
・死ぬな。生きろ。
・悲しむ人がいないわけがない。その人のためにも生きて。
・死にたいって思うときがあっても，生きたいって思う日が来るから大丈夫だよ。
・あなたが死んだら何十人もの人が泣くんだよ。
・死にたいって思っても，今存在しているのは生きたいって思っているからだよ。
・親は命がけで産んでくれたんだから，生きて。
・そう思っているのは今だけ。自分はそんなに弱い人間じゃないよ。

**教材** 教材1 詩「気持ちのひとかけら」 千葉孝司：作

からかわれてムカついた
でも
気にしてないと言った

からかわれてムカついた
だから
死ねと言った

どうしていいかわからなかった
でも
大丈夫と言った

どうしていいかわからなかった
だから
死にたいと言った

言葉は気持ちのひとかけら
ほんとうの気持ちは
かくれんぼ

気持ちはゆれるブランコで
行ったり来たり
鬼ごっこ

からかわれて嫌だったけど
それがあなたの全てじゃないから
私はあなたを許したい

死にたいって口にするほど
どうしていいかわからないけど
私は私を生きていたい

言葉は気持ちのひとかけら
いつでも反対の気持ちがかくれてる

**教材2** 曲「ハッテンサンイチ」 千葉孝司・いとたい：作詞 千葉七施・いとたい：作曲

明日のこと考えると息も出来なくなる
電池のない時計のように
止まっていたい止まっていたい

明日のこと考えると目の前が真っ暗になる
「モウツカレタ　モウダメダ」
深夜3時のTwitter

誰も見てないツイート見返して全部消した
アラームはオフにして無理矢理目を閉じる
今日も開けられないカーテン

「一人じゃない」
「一緒に生きていこう」
そんな唄じゃもう笑えないや
どんなラストを迎えるのだろう
大好きなONE PIECE

生きるのを止めるのは悲しみが始まること
僕がいない世界で僕を抱いて泣いてくれる人
あなたをこんなに苦しめるならば
もっと生きれば良かった

涙溢れるのは
手が震えるのは
苦しみの裏側の「生きたい」という願い
8月の空の下消えそうなその声を
見つけて叶えたい
流れる星となって

独りで抱え込んでた僕には
出来なかったけど
背負いきれない痛みを
投げ出して歩けるように
その先にきっときっとある光

（北海道　千葉孝司）

| 1年 |
| 2年 |
| 3年 |

## 生きとし生ける命を大切にする

# 9.寂しくないよ　2枚の動物愛護ポスター

| 感　動 | ★★★ |
| 驚　き | ★★☆ |
| 新たな知恵 | ★☆☆ |
| 振り返り | ★★☆ |

web
2-9
授業用
パワーポイント

　コロナ禍のなかに在宅時間が増え，ペット購入のブームが起こりました。しかし，同時に安易なペットの購入や，販売店の安易な販売で犠牲になるのは結局ペットの命でした。動物愛護に関わる2枚のポスターに出合い，これを使って子どもたちに生きとし生けるものの命の大切さを考えさせたい。そう願って創った授業です。

**教材**

## 動物愛護ポスター（2017年）
公益財団法人 日本動物愛護協会

## 動物愛護週間ポスターデザイン絵画コンクール
## 最優秀作品（2022年度）環境省

### ■ 教材の概要 ■

　1つめの教材は公益財団法人 日本動物愛護協会の2017年動物愛護ポスターである。「捨てられた悲しみはどこに捨てたらいいですか？」とイラストのネコが訴える言葉が心に迫る。動物を飼う条件について考えさせるのによい教材である。『中学校編 とっておきの道徳授業14』や『どうとく 1 きみが いちばん ひかるとき』（光村図書出版）にも掲載されている。

　2つめの教材は，環境省の2022年度動物愛護週間ポスターデザイン絵画コンクール最優秀作品である。「寂しくないよ 受け継がれる思い」に，愛情をかけてペットを飼うことが伝わるポスターである。命の大切さを伝えるのにふさわしいポスターである。

### ■ 授業構成 ■

| 0 | 3 | 8 | 13 | 16 | 19 | 22 | 25 | 28 | 44 | 47 | 50(分) |
|---|---|---|---|---|---|---|---|---|---|---|---|
| 教材1 | ●発問●<br>作った気<br>持ち？ | 説明<br>飼う条件 | 教材2 | ●発問●<br>クリアした<br>ら十分？ | ●発問●<br>結びつくも<br>のどれ？ | ●発問●<br>「寂しくない<br>よ」と思われ<br>る飼い方？ | 説明<br>教材2の<br>気持ち | ●発問●<br>「寂しくないよ」と思われる飼い方？ | | ●発問●<br>共通点？ | 感想 |

┌─────────────────────────────────────────┐
│ **協働的な学び**　4人班で考え，カードを作成し掲示する。 │
└─────────────────────────────────────────┘

### ■ 本時の授業を中心に見取った評価文の例 ■

　いつも自分の経験を振り返りながら道徳の授業を受けていました。動物愛護ポスターを使った授業では，家族のように大切にしているペットについて，育てる人間側が，世代を引き継ぎながらでも大切に育てていくという責任について，とても考えさせられたと振り返っていました。

協働的な学びの度合い ◉◉◉◉◉　　授業準備度 ◉◉◉◉◉

動物の捨てられる悲しみや愛される喜びに共感し，動物の幸せを考えることを通して，生きとし生けるものの命を大切にしようとする態度を育てる。　　　D19［生命の尊さ］

## 準備

・教材1　動物愛護ポスター（46ページに掲載）提示用
・教材2　動物愛護週間ポスター デザイン絵画コンクール 最優秀作品（環境省のウェブサイトからダウンロード，46ページに内容を掲載）提示用

## 授業の実際（1年で実施）

「このポスターを見てください」と言って，教材1のポスターのイラストの部分（ネコ）だけを示した。そして「どこに捨てたらいいですか」と言うと，一人の生徒が「捨ててはいけないです」と答えた。「そうですね。実は，このポスターの全容はこうでした」と言って，教材1全体を示した。「捨てられた悲しみはどこに捨てたらいいですか？」とあり，イラストのネコの言葉である。生徒は黙ってしまった。

教材1の画像ファイルをロイロノートで送り，1分ほど自由に鑑賞させたところで，最初の問いを行った。

### ■1 日本動物愛護協会はどんな気持ちからこのポスターを作ったのでしょうか。

■動物を飼育するにあたっての，最低限の資格について考えさせるための発問である。

隣同士のペアで話し合わせた後，日本動物愛護協会ウェブサイトに「無責任な飼い主を無くしたい！　衝動買い（飼い）を無くしたい！　安易な販売をやめてほしい！　そんな気持ちから作りました」と書かれてあることを

説明した。

「それでこのポスターの下にはペットを飼う10の条件が書いてあります」と言って，以下のように番号をつけて，それぞれをA4判用紙のカードにして，マグネットシールをはり，黒板に提示していった。

①お住まいはペットを飼える環境ですか？
②家族全員，ペットを飼うことに賛成していますか？
③家族に動物アレルギーの人はいませんか？
④寿命が来るその日まで，お世話をしてくれますか？
⑤ペットのお世話は365日お休みなしです。その時間と体力と覚悟はありますか？
⑥年をとったペットのお世話ができますか？
⑦ペットの一生にかかるお金をご存じですか？
⑧近隣に迷惑をかけないようにルールを教えることができますか？
⑨転勤や引越が決まっても，一緒に連れて行けますか？
⑩緊急時，代わりに飼ってくれる人がいますか？

「これだけクリアするのは大変だね。もう1枚のポスターを見てください」と言って，教材2の「受け継がれる思い」の部分と，犬の絵の周りの文字情報を隠して提示した。「寂しくないよ」という言葉は示している。

### ■2 「ペットを飼うのに必要な条件」がすべてクリアできたら，そのペットから「寂しくないよ」と言ってもらえる飼い方に必ずなるでしょうか。

■飼うことができるだけでなく，さらに動物を飼育するにあたって大切にしたいことを考えさせるきっかけとなる発問である。

「○：必ずなる」と「×：そうならないと

きもある」で選択させたが，全員×にした。理由を挙手させると，「もう少し愛情が足りない」という意見であった。ほかの生徒も全員が同調した。そこで「愛情」を板書に加えた。

### 3 「ペットを飼うのに必要な条件」のなかで「寂しくないよ」に結びつくものはどれでしょうか。

■10個の条件を深く見直させる発問である。

生徒が選んでいる間に，黒板に右向きの矢印を加え，矢印に「寂しくないよ」と板書し，2枚目のポスターを掲示する。

10個の条件を順に読み上げ，結びつくものを選んで挙手させた。挙手が多い順に，掲示していた10個の条件を黒板の右に移動させる。その作業を実演するのに，生徒を2名，立候補で決めて生徒に動かさせた。

④⑥はほとんど全員が選んでいたので右の方に位置づけられた。②⑤⑨も多くの生徒が選んでいた。⑩が半々くらいであった。

これらを線で囲み，ベン図のように表した（46ページの板書イメージ）。

そして，右の空白部分（「寂しくないよ」がもっと強まる部分）を指さしながら，次を問うた。

### 4 ペットから「寂しくないよ」と思われるような飼い方とはどのような飼い方でしょうか。

■条件を深く見直させる発問である。

各自，ワークシートに書かせた。いくつも書いた生徒も出ていた。

ここで，教材2の文字を隠した部分を見せた。「受け継がれる思い」と書いてある。「これはどんな意味だろうね」と言って，その画像ファイルをロイロノートで配付した。生徒はタブレットの画像を拡大するなどして探した。すると犬の目には違う人物が写り込んでいることに気がついた。「普通同じものが目に映っているはずだけどどういう意味だろう」と投げかけると，だんだんわかってきたようなので，席が近い人同士で説明させ合った。

「おじいさんは犬を大切に飼っていたんだけれど，亡くなってしまったのでしょう。そうすると，おじいさんのお孫さんが犬の世話を受け継いだのでしょうね。お孫さんは，亡くなったおじいさんに負けないくらいたくさんの愛情をその犬にかけたんですね」と，ポスターの右に書いてある作者の思いを伝えた。

生徒が一人拍手したので理由を聞くと「すごいな。感動した」と答えた。

そこで4人グループをつくり，もう一度，発問3の「ペットを飼うのに必要な条件」を深く考えさせた。「ワークシートに書いたこと」と「受け継がれる思いの意味」から考えたことを出し合いながら，①から⑩のような条件風に表現させた。書き込む用紙も先のカードにまねて作成したＡ4判横の用紙に，水性ペンで書かせた。そしてその完成したカードを黒板に貼らせた。

次のような考えが提示された。

・家族のように愛情をもってペットを幸せにすることができますか？
・家族の一員として最後までいっしょに遊んでくれますか？
・ペットの気持ちを考えて，時間をかけて愛情を注ぐことができますか？

### 5 みんなで考えた「寂しくないよ」と思われるような飼い方の共通点は何だろう。

■考えを深める発問である。

生徒は改めて板書に注目した。生徒から「家族」「愛情」という言葉が出た。

「今日の授業では，ペットの命を大切にすることについてよく考えましたね」と評価し，授業の感想を書かせて授業を終えた。

教材1　動物愛護ポスター(2017年)
公益財団法人　日本動物愛護協会
https://jspca.or.jp/information/k_2017_01_20.html

教材2　動物愛護週間ポスターデザイン
絵画コンクール 最優秀作品(2022年度) 環境省
https://www.env.go.jp/content/000059059.pdf

　犬が見上げているポスターである。その瞳には，2人の異なる人物が映り込んでいる。1人はおじいさんの笑顔。もう1人はお孫さんの顔。現実ではあり得ないイラストだが，この犬が2人を同じように慕っていることがわかるポスターである。「寂しくないよ」という言葉が添えられており，温かい気持ちになる。

　環境省は，動物愛護週間に合わせ，毎年，動物愛護週間ポスターを作成しており，2005年度からは，ポスターのデザイン絵画を公募している。最優秀作品には環境大臣賞が贈られている。(授業者解説)

# 板書イメージ

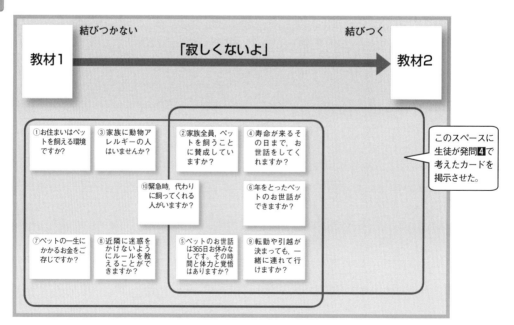

（熊本県　桃﨑剛寿）

| 1年 | 2年 | 3年 |
|---|---|---|

## 人生の長さを意識した生き方

# 10. なぜ知ろうとしなかったのか ~フリーレンの後悔

| 感 動 | ★★★ |
|---|---|
| 驚 き | ★☆☆ |
| 新たな知恵 | ★☆☆ |
| 振り返り | ★★★ |

web
2-10
授業用
パワーポイント

　「命は大事」とは違う視点から命について考え，深める時間にしたいと考えました。在学中は「中学校生活は長くてつまらない」，卒業時は「あっという間で充実していた」。この「あっという間」に価値があることに気づけるのかどうかは，命というものがどのようなものかを見つめ直すことにもかかっています。そんな授業にしたいと考えたときに，見つけた教材がこれです。

 **教材**

## 『葬送のフリーレン』1巻
## 「第1話　冒険の終わり」
### 山田鐘人：原作　アベツカサ：作画　小学館

### ■ 教材の概要 ■

　魔王を倒した勇者一行の「その後」を描いた後日譚（ごじつたん）。フリーレンは勇者一行の魔法使いで，長命のエルフ（妖精）である。魔王を倒した後に，フリーレンは共に戦った勇者と次に会う約束をし，「たまには顔を見せる」と言って50年が経過した。再会直後に，一人の勇者の寿命が尽きたとき，なぜもっと知ろうとしなかったのかと涙を流すフリーレン。人生は長いと思う中学生にどう他者と関わり生きるべきかを考えるのにとても適した教材である。

### ■ 授業構成 ■

| 0 | 3 | 7 | | 15 | 20 | | 27 | | 33 | | 39 | | 45 | 50(分) |
|---|---|---|---|---|---|---|---|---|---|---|---|---|---|---|

| 確認アンケート結果 | 教材 | ●発問● なぜ後悔？ | ホットシーティング |||| ●発問● フリーレンの生き方は？ | 振り返り |
|---|---|---|---|---|---|---|---|---|
| | | | ●発問● どんな10年？ | ●発問● 興味がない？ | ●発問● エルフと人間の違いは？ | ●発問● なぜ後悔？ | | |

　**協働的な学び**　ホットシートに座った生徒に質問する。

### ■ 本時の授業を中心に見取った評価文の例 ■

　長くてずっと続くと思っていた人生が，短くて限りあるものかもしれないと気づき，残りの中学校生活を悔いの残らないものにしたいと考えていました。

協働的な学びの度合い ●●・・・　　授業準備度 ●●●・・

## ねらい

　長命のフリーレンの後悔について考えることを通して，短いけれど充実した人生を送ろうとする実践意欲を高める。

D19［生命の尊さ］

## 準備

・教材『葬送のフリーレン』1巻「第1話 冒険の終わり」（概略を50ページに掲載，提示用）
・事前アンケート（Google フォーム）
・質問カード（Google ジャムボード）

## 授業の実際（2年で実施）

　授業前に，Google フォームで「寿命が100倍になったら，あなたの時間の使い方は変わりそうですか」というアンケートをとっておく。初めに，そのアンケートの結果を紹介した。
　「いっぱい（時間が）あるから（ぐだぐだするなど）むだ遣いしそう」「（今の自分と）変わらず（時間を）使えそう」などを読み上げ，意味や不足している言葉を補った。
　教材の漫画は，Google クラスルームのストリームを活用して生徒のタブレットにリンクを配付し，そこから教材にアクセスさせて4分間読ませた。第1話は無料で公開されている。

https://www.sunday-webry.com/episode/3269754496548997914

　教材の概略（p.50）を簡単に補足した後，最初の問いをした。

### ■1 フリーレンはどうして涙を流して後悔したのでしょう。

　■テーマの理解につながる発問である。
　列指名で意見を引き出した後にペアトークで考えを共有させた。
　・勇者のことをきちんと知ろうとしなかったから。
　・自分（エルフ）の感覚でしか時間を考えていなかったから。
　「実際のところ，フリーレンはどんなふう

に考えていたのかな。今日はフリーレンになって考えてみよう」と言って，演者を3名指名して，教室前方に配置した椅子（ホットシート）に座らせた。
　「3人にはフリーレンになりきって答えてもらいます」と説明した。

### ■2 （対）あなた（フリーレン）にとって，冒険の旅はどんな10年でしたか。

　■主人公に「なってみる」ための発問である。
　ホットシートに座った生徒3人に順番に一人ずつ指名した。
　・あっという間に過ぎた。
　・充実していた。
　・がんばった。
　「皆さんからもフリーレンに質問をしてみましょう」と言って，ジャムボードに自分の番号の書かれた付箋にそれぞれ質問を入力させて共有しながら，生徒が考えた問いをもとに，教師から次のように4つの問いを行った。

### ■3 （対）（黒板に「10/80」「10/8000」と書いて）10年という年月は，人間にとっては10/80ですが，あなた（フリーレン）にとっては10/8000ですね。人間の10年と比べてどうですか。

　■フリーレンの苦悩に共感させる発問である。
　悩んだ顔をしながら演者は答えた。
　・人間の場合は，終わってからあっという間だったなって振り返ると思うけれど，過ごしてるときからあっという間に過ぎていると思う。
　・大変だったから思い出に残っているけれ

ど，もっといっぱいあるいろんな思い出のなかの一つかな。

きちんと場面の設定をすることで，生徒の考えが活性化された。出された意見についてペアトークを通して，考えを深めさせた。

## ❹ 🈺 10年一緒にいたのに，人間に興味をもたなかったのはどうしてですか。

■お互いに異なる存在であることを強く感じさせるための発問である。

ホットシートに座った生徒に，順番を変えて指名し，適宜問い返しを行った。

S（生徒）：時間があっという間に過ぎたから，それどころじゃなかった。

T（教師）：余裕があったら？

S：興味をもっていたんじゃないかな。

T：そもそも違う存在なんだから気にしなくていいのでは？

S：どうなんだろう……夏のセミみたいに気づいたらいなくなってたような感じ。

S：人間も何となく死なないものだと思っていた。

T：何となく死なないってどういうことですか。

S：何千年と生きるので，仲間もほとんど死なないから，死が遠い存在みたいな感じ。

T：死なないと思ったから？

S：まだ大丈夫かなと思って知ろうとしなかった。

## ❺ 🈺 エルフと人間では何が違うのでしょう。

■命の長さが生き方にどのように影響するのかを考えさせる発問である。

黒板に「エルフ　長命，人間　短命」と書き，エルフの下に「仲間も死なない」と付け加えた。「では人間は？」という問いかけに対しては，「自分以外の誰かが亡くなるので，生きているどこかのタイミングで『死』というのを意識する気がする」という意見が出たので，「誰かの死をきっかけに死について考える」と黒板に書き加えた。「『死』を意識するってどういうことか」についてペアトークで意見交流をさせた。

追発問で「どうせ死ぬからと，自暴自棄に

なるのとはどう違うの？」と問いかけた。悩んで頭を抱えながら，「自暴自棄になってしまうのは，死ぬことに意識がいきすぎているということ。『死』を意識するっていうのは，どこかで死んでしまうのだけれど，どうやって生きていくのかというように，生きることに意識がいってる」という答えが出てきた。

## ❻ 🈺 あなた（フリーレン）はどうして涙を流して後悔をしたのでしょう。

■最初と同じ質問をすることで，考えの深まりに気づかせる発問である。

「ここまで考えてきた『命の長さ』や『人間とエルフの違い』を踏まえたうえで，どうして涙を流して後悔したのですか？」

・何となく「まだ大丈夫だろう」と考えていて，自分のことは充実していたけれど，今この瞬間のつながりを大事にしようとしていなかった。

・大事な仲間とは思っていたけど，どこかで油断していた。もっと本気で向き合えばよかったっていう後悔。

・いっぱい時間があると，ムダにしてしまう。その時間は取り返すことができないっていうことに改めて気づかされた。

ホットシートに座った3人に拍手をして，各自の座席に戻した。

## ❼ 🈺 フリーレンの生き方はどんなふうに変わると思いますか。

■人間の命の有限性・不可逆性に気づいた後に，どう生きるべきかを考えさせる発問である。

「今を生きている自分も人も尊重する生き方」「短くても，その一瞬一瞬をしっかり生きている人間と，しっかり向き合おうとする生き方」などの意見が出てから，一人の生徒が「一期一会」と発表した。その意見について意見を出し合って考えを深めた。

最後に振り返りのフォームに，今日の学びを入力して，授業を終えた。

授業後，フォームの回答を匿名で一覧にし，相互コメントできるようにして，ほかの人が獲得した学びからさらに学べるようにした。

**教材** 『葬送のフリーレン』1巻 「第1話　冒険の終わり」 授業者による概略

　勇者ヒンメル一行は，およそ10年をかけて魔王を打倒する旅を終えた。

　全員で10年の旅を振り返るなか，勇者一行の魔法使いであるエルフ（妖精）のフリーレンは，その10年を「短い間だったけどね」と表現し，その時間軸のズレから他のメンバーを驚かせる。エルフのフリーレンはとてつもない長命なのだ。その後，半世紀に一度の流星群を見た後に，フリーレンはもっと綺麗に見える場所に連れて行くと提案し，50年後の再会を約束して一行は解散する。

　50年後，事のついで程度に約束を思い出し，ヒンメルの下を訪れるフリーレン。老齢となったヒンメルらと一週間程度の小冒険をして，流星群を再び見ることができたが，その後ヒンメルはその人生に満足をして息を引き取る。

　ヒンメルの葬儀で，無表情のフリーレンを薄情だと責める声を聞き，フリーレンは自分がヒンメルのことについて何も知ろうとしなかったことについて涙を流して後悔する。

　その後，フリーレンは人間を知るための旅に出かける。

**指導法** 「ホットシーティング」とは　授業者作成

　ドラマ教育で用いられる手法の一つ。

　教室前方に置いたイスに座ることで座った人は「登場人物」になる。座った人は，教師や教室内からの質問に「登場人物」として答えていく。出された質問に対して，即興で答えていくうちに，登場人物と自分の考えが重なってきて，だんだんと自分のことを語るようになっていく。これは自分自身との関わりで考えることにつながる。あくまでも，「即興で答える」という【即興性】，「登場人物になってみて答える」という【身体性】，そして役と自分の矛盾や，自分の行為と思いとの矛盾などの【葛藤・ジレンマ】が重要である。

　また，なってみる演者も重要だが，それ以上に観ている側（観客）も重要である。なっている演者を，登場人物として観て，自分の考えと比較して考えることができれば，いい観客になっている。さらに，観客にとって登場人物への質問を考えることも大切な役割である。自分から問いを投げかけることを通して，受け身ではなく，主体的に学習に取り組むことにつながっていく。また，演者に対して，異なる視点を投げかけることにもなるので，多面的・多角的に考えることにもつながる。

　本来は1名をホットシートに座らせるが，複数名を座らせることで，それぞれが同じ登場人物になってみるものの，それぞれの捉え方から登場人物を表現するので，さまざまな感じ方・考え方が表出され，多面的・多角的に考えることにつながる。

（青森県　佐々木篤史）

| 1年 | | 今ある，自分の命を見つめ直す | 感　動 | ★★☆ |
|---|---|---|---|---|
| 2年 | | **11. 母子健康手帳の意味** | 驚　き | ★★☆ |
| | | | 新たな知恵 | ★★★ |
| 3年 | | | 振り返り | ★☆☆ |

web
2-11
授業用
パワーポイント

　命が大切なことは中学生も十分理解しています。しかし，せっかく授かった命を粗末にしてしまうような言動もまた，中学生時代にはあります。大切な命を生徒自らの誕生から振り返らせたい，そこには「家族」の自分に対する思いもあるはずだと考えました。そこで母子健康手帳に注目し，日本が始めた母子健康手帳に込めた保護者の願いに思いをはせたい，そう考えて創った授業です。

**教材**

「母子健康手帳の開発と普及に関する
WMA声明」日本医師会のサイトより
（世界医師会）

「世界の母子手帳」
「日本発の母子手帳 世界へ」
独立行政法人 国際協力機構（JICA）のサイトより

■ 教材の概要 ■

　戦後の混乱期に生まれた子どもたちや母体の健康を願って考え出された「母子手帳」の歴史を知ることができる。また，母子健康手帳に記入される項目から，保護者の子どもへの愛情や不安を知ることもできる。さらに，母子健康手帳が海外にも広まっていることや，「母子手帳国際会議」の存在も知ることにより，家族や生命を大切にすることを再確認できる教材である。

■ 授業構成 ■

| 0 | 3 | 8 | 21 | 31 | 43 | 50(分) |
|---|---|---|---|---|---|---|
| 説明 自分が生まれたときの記憶 | ●発問● 誕生前後のことがわかるもの？ | ●発問● 母子健康手帳には何が書かれている？ | 説明 母子健康手帳に書かれている内容 | ●発問● 栄養状態も向上したのになぜ母子健康手帳は発行されている？ | 終末 曲を聴きながら感想を書く | |

┌─────────────────────────────────────┐
│ **協働的な学び**　3〜4人の小グループ内で意見を交流し合う。 │
└─────────────────────────────────────┘

■ 本時の授業を中心に見取った評価文の例 ■

　母子健康手帳を扱った授業では，自らの誕生について思いをはせ，家族の思いに感謝している様子でした。

協働的な学びの度合い ●●●●●　　授業準備度 ●●●●●

## ねらい

　我が国発祥の母子健康手帳の意義を知り，自らの誕生について思いをはせ，家族や生命を大切に思う心情や態度を育てる。
C17[我が国の伝統と文化の尊重，国を愛する態度]

## 準備

・母子健康手帳の実物（なくても可能）
・教材1（54ページに掲載）提示用
・教材2（54ページに掲載）提示用

## 授業の実際（3年で実施）

　入試を控え，精神的にもやや不安になりがちな3年生で実施した。
　「あなたは自分が生まれたときのことを覚えていますか。小説などでは，その記憶がある人が登場しますが，あくまで小説の話です。実際にその記憶をはっきり覚えている人はいないと思います」と説明すると，生徒たちは当然だというような表情で話を聞いていた。「しかし，誕生についての本人の記憶はなくとも，記録があります」と説明し，最初の問いをした。

**■1一人一人の誕生の様子や，誕生する前の様子，さらに生まれてからの様子がわかるものがあります。それは何だと思いますか。**
　■母子健康手帳への興味を高める発問である。
　個人で考えさせた後，ペアで考えさせ、挙手して発表させた。
　　・写真やビデオなどの動画
　　・医者の記録，カルテ
　　・親の記憶
　「たくさん出ましたね。それらに加えて『母子健康手帳』があります。地域によっては『母子（親子）健康手帳』とか，『親子健康手帳』という名称もあります。母子健康手帳は，母子保健法に基づいて，妊娠の届け出をした人

に市町村（特別区）が交付する手帳です。1948年から母子手帳として配布が始まりました」と説明した。母子健康手帳のことを知っているか生徒にたずねたが，その存在を知らない生徒も多数いた。
　そこで，私自身の子どもの母子健康手帳を教室に持ち込み，生徒に見せた。すると，「見たことがある」と言う生徒たちもいた。
　「今，この母子健康手帳を見返すと，わが子が幼かったころの記憶がよみがえってきます」と言って，生徒たちに授業者の母子健康手帳に対する実感を伝えた。

**■2主母子健康手帳にはどんなことが書かれていると思いますか。また，どんなことを保護者は書くと思いますか。**
　■母子健康手帳の記載項目を考えさせることで何を大切にしているのか考えるきっかけとする発問である。
　思いつく限りワークシートに書くよう指示をした。個人で考えさせた後，3～4人の小グループで発表し合わせた。ブレインストーミング的な手法である。
　なかなか，思いつかない様子の生徒もいたので，「自分が親だったら，どんなことを書いておいたり，書いたらいいと思いますか」と補助発問を加えた。
　　・身長や体重や胸囲
　　・性別
　　・病気かどうか
　　・生まれた時刻や場所
　　・予防接種
　以上の5つがあげられた。なかなか，意見

が多くは出なかった。

そこで、「地域によって多少の違いはあるけれど、およそ次のようなことが書かれてあったり、記入したりします」と説明した。

> 出生届済証明、妊婦の健康状態、妊娠中の経過、出産の状態（出産日時・体重・身長・胸囲・頭囲・分娩時間・出産場所・分娩取扱者名・分娩の経過）、出産後の母体の経過、妊娠中と産後の母親の歯の状態、両親学級の参加、新生児1週間後の様子、新生児1か月健診、新生児3〜4か月健診、新生児6〜7か月健診、新生児9〜10か月健診、1歳児健診、2歳児健診、3歳児健診、4歳児健診、5歳児健診、6歳児健診、乳児身体発育曲線、幼児身体発育曲線、予防接種の記録、今までにかかった病気の記録、妊娠中の生活について、育児について、事故の予防、乳幼児の栄養、働く女性のための制度、保健サービスの窓口一覧、保健所、児童憲章、子どもの権利条約、連絡先メモ　など

生徒たちはその多岐にわたる内容に驚いていた。「だいたい、どんなことが書かれていたかな」とたずねると次の発表があった。

・赤ちゃんの体のこと
・妊娠中の様子
・出産後の母親や赤ちゃんの様子
・成長の記録
・さまざまな連絡先
・知っておきたい情報

「つまり、お母さんのおなかの中にいたときから出産後の記録と、保護者として知っておきたい情報が書いてあるのが母子健康手帳なんだね」と、実際に授業者が持ち込んだ母子健康手帳を見せながら、説明をした。

「始まった1948年以降、栄養状態もよくなり、出産後亡くなる赤ちゃんは激減していきました」と言って、次の発問をした。

**3 対浸 環境がよくなった現代でも、母子健康手帳はなぜ発行し続けられ**

**ていると思いますか。**
■家族を大切に思う親の思いに気づかせる発問である。

一人でじっくり考えさせた。その後、3〜4人の小グループ内で意見を交流させた。交流後、各グループから、意見を発表させた。

・親子とも成長の記録を残したいから。
・大人になっても自分の成長の記録を知ることができるから。
・予防接種の記録は感染症が流行したときに大切な情報になるから。
・親の子どもへの思いを確認できるから。
・親子で健康に注意することを忘れないため。

「世界医師会（WMA）も次のようにその意義について述べています」と言って、教材1を大きく提示し、読み上げた。

「健康問題に関する知識を向上させ、妊娠、出産、産後期間の行動を改善することはいつの時代にも必要ですね」と確認した。

また、「世界への広がりも示されていますね」と確認し、教材2を大きく提示した。

「独立行政法人国際協力機構（JICA）の説明によると、母子手帳使用が全国規模・一部のみ・一時期間のみを含むと約50カ国の地域で使用されているそうです。世界年間出生数1.4億人の16％、年間約2200万冊が母親の手に渡っているとありますね」と、そのサイトの地図を提示しながら説明した。その世界への広がりに、生徒は驚いているようだった。

最後に中島みゆき「誕生」をBGMにして本授業で学んだことをノートに書かせた。なお本授業を実施する場合は、生徒の家庭環境などに十分配慮することが必要である。

●生徒の感想
・子どもの成長を見守る仕組みとしての母子健康手帳の意味を学びました。いつかは自分が記入する。大切に記入していきたい。
・家のタンスの中に自分の母子健康手帳が置いてある。大事にとってあるなと思っていた。何が書いてあるのか見てみようと思う。

**教材** 教材1 「『母子健康手帳の開発と普及に関するWMA声明』序文より」（一部抜粋）
（世界医師会）

日本医師会のサイトより　https://med.or.jp/doctor/international/wma/mchhandbook.html

（前略）

　1948年，日本は母子の健康と福祉を守るために母子健康手帳を作成し配布した世界で初めての国となった。

　現在，母子手帳は，世界の約40か国で，個々の文化や社会経済状況をそこに反映しながら活用されている。多くの国には，母子保健に関連するさまざまなハンドブックや教材がある。その中で，母子手帳は，母子の健康問題に関する母親の知識を向上させ，妊娠，出産，産後期間の行動を改善することに貢献している。（後略）

　※参考文献としては，『海を渡った母子手帳』中村安秀：著　旬報社がお勧めである。


## 教材2

### 1 「世界の母子手帳」独立行政法人 国際協力機構（JICA）のサイトより

https://www.jica.go.jp/activities/issues/health/mch_handbook/world.html

　JICAは，多くの開発途上国において，専門家派遣，各種研修の実施，海外協力隊派遣等を通じて，母子手帳の導入・展開の支援を行っています。

・約50カ国・地域で使用実績，34カ国でJICA支援実績
・世界年間出生数1.4億人（注1）の16%，年間約2200万冊（注2）が母親の手に
　（注1）世界年間出生数1億4000万人（出典：ユニセフ世界子ども白書2021）
　（注2）2020年JICA推計

　※2021年12月現在JICA把握情報に基づき，全国規模・一部のみ・一時期間のみを含めて，これまでに
　　母子手帳使用が報告されている国が地図や表で示されている。


### 2 「日本発の母子手帳 世界へ」独立行政法人 国際協力機構（JICA）のサイトより

https://www.jica.go.jp/activities/issues/health/mch_handbook/index.html

　毎年，世界で生まれる赤ちゃんとその母親のうち16%（注1）が母子手帳を使っています。冊数にすると年間約2200万冊（注2）。
　（注1）世界年間出生数1億4000万人（出典：ユニセフ世界子ども白書2021）より推計
　（注2）2020年JICA推計

　母子手帳とは，妊娠中及び出産時の母子の状態，子どもの成長・健康状況を，継続的に記録するための冊子です。家庭で参照できる育児書としての特徴もあります。

　日本では，1948年にそれまで使われていた妊産婦手帳と乳幼児体力手帳が統合され母子手帳の活用が始まり，今では母子の死亡が最も少ない国の一つになっています。

　母子手帳は，母親や子どもが必要なケアを継続的に受けられるようにするための重要なツールの一つです。JICAは，世界の母子の命と健康を守るため，開発途上国における母子手帳の導入・普及を支援しています。

（東京都　合田淳郎）

| 1年 | 大切な人と向き合う生き方 | 感　動 | ★★★ |
|---|---|---|---|
| 2年 | # 12. 両親への手紙 | 驚　き | ★☆☆ |
| | | 新たな知恵 | ★☆☆ |
| 3年 | | 振り返り | ★★★ |

web
2-12
授業用
パワーポイント

　思春期の中学生は，「親は大切な存在だ」とわかっていても素直になれず，ついつい反抗してしまいがちです。反抗期を客観的にとらえて，自分の思いを整理し，親の思いを少しでも受け止めようとしてほしいという願いを込めて授業を創りました。

 **「反抗期と出会い直しのエピソード」** 自作教材
**「家族に贈った感謝ムービー」** 自作教材

### ■ 教材の概要 ■

　授業者自身の「反抗期」と「出会い直し」のエピソードは，客観的に反抗期の自分の姿を考え，親の心の声に耳を傾けようとすることに，とても適した教材である。また，これまでとこれからの家族との関わりについて思いをはせることに適した教材である。授業者自身のエピソードを使うことで，授業者とも心がつながる教材をめざした。

### ■ 授業構成 ■

| 0 | 4 | 10 | 13 | 16 | 20 | 30 | 35 | 40 | 50(分) |
|---|---|---|---|---|---|---|---|---|---|
| ●発問●<br>親は好き？ | ●発問●<br>反抗期の<br>レベルは？ | 教材1 | ●発問●<br>どこに<br>共感？ | ●発問●<br>どんな気<br>持ち？ | ●発問●<br>どんなアドバイスが<br>できそう？ | 教材2 | 動画 | ●発問●<br>あなたの10年後は？ | |

**協働的な学び**　ローテーションで役割の演技を行って，交流しながら考える。

### ■ 本時の授業を中心に見取った評価文の例 ■

　これまでの家族との関わりを振り返りながら，反抗期について話し合うなかで，これからも共に人生を歩んでいく家族の大切さや関わり方について，深く学んでいました。

協働的な学びの度合い ●●○○○○　　授業準備度 ●●●●○

# ねらい

反抗期という時期だけでなく，家族との過去や未来に思いをはせながら，家族の愛情に向き合おうとする態度を育てる。

C14［家族愛，家庭生活の充実］

# 準備

・教材1「反抗期のエピソード」
・教材2「出会い直しのエピソード」
　（1，2共に58ページに掲載）掲示用
・「家族に贈った感謝ムービー」

# 授業の実際（1年で実施）

「親」と板書し，すぐ最初の問いをした。

## ■自分の親のことが好きですか。
### （とても・割と・あまり・まったく）
■自分の親への意識をもたせる最初の発問である。

「とても」と「割と」と「あまり」が同じくらい挙手があった。

「全員が，『とても好き』ではないですね。反抗期かな」と言って「反抗期」と板書し，次の問いにつなげた。

## ■対あなたの今の「反抗期レベル」はどのくらいですか。
### （とても・割と・あまり・まったく）
### いつどんな反抗をしましたか。
### また，それはなぜですか。
■自分の反抗期を振り返る発問である。

ペアか3人の班で意見を交流させた。しばらく活動させた後に，挙手した生徒のなかから指名して発表させた。

**とても**
・口を利かない。
・ここ最近，何をされるにしてもイラッとする。

**割と**
・お願いされたことをしなかった。

・約束したことを守ってくれなかったとき。

**あまり**
・授業参観のときに無視した。
・私語をしているから恥ずかしかった。

反抗期レベルが高い生徒と低い生徒の実態がさまざまで，生徒間でも新しい発見が見られたが，反抗の理由については互いに共感する姿が見られた。

指名するとき，家庭環境や反抗の程度が激しい生徒の発表は避けるよう配慮した。

「今日の授業は，2人のエピソードを紹介します。反抗期だった頃のエピソードです」と説明をし，教材1「反抗期のエピソード」をプレゼンテーションソフトを使って大きく提示して紹介した。2つの事例とも，親に反抗している様子をつづっている。

実は，ここで登場するTさんは授業者で，Yさんは授業者の妻である。TさんとYさんの正体は終末のムービーのなかで明らかになる仕掛けである。ある人のエピソードとして扱うことで，エピソードの情報のみに入り込み，自分と重ねやすくなると考えた。

## ■この2人の反抗期のどんなところに共感しますか。
■反抗期と寄り添う発問である。

反抗期レベルが高いと回答していた生徒から意図的に指名して発表させた。そうすることで，反抗期への本音が出やすい雰囲気になるようにした。

**Tさんに対して**
・自分も同じだ。親に見られるのがいやだ。
・申し訳ないという気持ちに共感する。

**Yさんに対して**
・姉妹で比べなくてもいいと思うけれど，比べて落ち込んでしまうところに共感する。
・自分も最近あまり話さなくなった。

## ■この2人はどんな気持ちで親と接しているでしょう。
■反抗期のなかに隠れている気持ちを見つめさせる発問である。

**Tさんに対して**

・親のことは嫌ってなさそう。

Yさんに対して

・本音では家族は大切だと思っていそう。

「実はそんな気持ちもあるのかもしれないね」と認め，次の問いをした。

**5** 対 **この2人にアドバイスがあるとすれば，どのようなアドバイスをしますか。**
　■反抗期と向き合う発問である。

　4人の班で役割演技をさせた。アドバイスをする人，Tさん役，Yさん役，評価役を交代で演じながら意見交流を行った。

　まず，アドバイス役がTさん役とYさん役にそれぞれアドバイスをする。Tさん役とYさん役は，役になりきり，そのアドバイスを受けた後に一言必ず返す。アドバイス役はそれに対し，もう一言返すという方法で行うことを説明した。

　次のようなアドバイスがあった。

Tさんに対して

・お母さんは，Tさんのことを思ってくれている。素直になるべき。

Yさんに対して

・おせっかいだと思うときもあるけれど，話さないと伝わらないこともあると思う。伝え方を工夫してみたら？

　各班で熱心にやりとりをする姿が見られた。Tさん役とYさん役はアドバイスを受け入れ，「ありがとう」と感謝している様子が多く見られた。

　「続きのエピソードを紹介します。TさんとYさんが親と向き合えた瞬間です」と説明を入れ，教材2「出会い直しのエピソード」を語った。さきほどまでにぎやかだった学級が静かになっていった。

　「そして反抗期から約10年がたち，親からの『愛』に気づき，TさんとYさんは結婚式で，感謝の気持ちを伝えたのです」と説明スライドを入れ，「家族へ贈った感謝ムービー」を流した。

　そのなかで，Tさんは授業者であり，Yさんは授業者の妻であることがわかると，思ったよりも先読みされなかったからか，生徒か

家族に贈った感謝ムービーより

ら歓声が上がった。

**6** 主 深 **あなたの10年後は，親に対してどんな気持ちでいるでしょうか。**
　■将来の家族と自分の姿に思いをはせ，家族と自分を見つめる発問である。

・自分は反抗期で親に迷惑をかけているけれど，少しずつ大人になって親のありがたみがわかる人になれてたらいいなと思いました。

・ありがとうの気持ちを強くもっていたいです。また，反抗期がくることは悪いことではないのかなとも思いました。反抗期があるから，そこから得るものもあるんじゃないかと考えが変わりました。

・私も反抗期でケンカをすることがあります。今日の授業で小さい頃一緒に遊んでくれていた母のことを思い出しました。今でもいちばん近くで私のことを応援してくれます。私も反抗期を乗り越えて早く親孝行がしたいです。

・本当は好きだけど，最近は何か言われても反応しなかったり言い返したり，素直になれていないなぁと思いました。将来の自分は，もっと素直に親に感謝を伝えられる人になっていたいです。

　親子間の問題として虐待やヤングケアラーがあるので，授業者は実施する学級の実態を理解して授業を行いたい。そのような生徒がいる場合は，親の代わりに愛情をかけてくれる人のことを考えさせるなど，配慮をする。

**教材** 　教材1 「反抗期のエピソード」 自作教材

・Tさん（中学1，2年生のとき）

> 　母との外食が嫌だった。いつも母は一番安いものを注文する。だから，食べたいものも注文しづらい。なのに，母は「何でもお食べ」と言ってくる。母の料理のおいしいところも自分に与えようとしてくる。それがなんか気まずく申し訳ない。
> 　授業参観や大会での応援が嫌だった。母は周りに友達がほぼいない。あまりコミュニケーションが得意でない母が嫌だった。それでもいつもこっちを見て微笑んでいる。正直，なんでそんなに笑顔でいれるのか，気持ち悪い。でも，いつも自分を見てくれていた。

・Yさん（高校生のとき）

> 　意見を言うと，いつも反論してくる。自分のしたいことをさせてくれない。おせっかい。自分の気持ちなんて分かってくれない。ずっと父が嫌いだった。自分は妹に比べ，入試も習い事もいつも上手くいかない。歯がゆい。
> 　親が願うような人にもなれていないような気がして，生きている価値がないのかなって。家出をしたこともあった。心の中では，自分のことを考えて意見を言ってくれてるって分かってる。だから，きつい。すぐにケンカになるので，会話をしない，したくもない。

## 教材2 「出会い直しのエピソード」 自作教材

・Tさん（中学3年生のとき）

> 　車中にて，母が自分の生い立ちについて話してくれた。小2で家族が離ればなれに，兄とも別居。小さい頃の幸せな思い出は，祖母と半分こした1杯のかけうどん，その後，両親と祖父母を小学生の頃に亡くし一人。お金もなく過酷な生活の日々。
> 　我が子にはきつい思いをさせまいと，精一杯の愛で，親として悩みながらも育てようとしてくれた。昔からいつも笑顔で自分のそばに居てくれた記憶。母の優しさと強さに涙が溢れた。

・Yさん（大人になって）

> 　結婚という節目に，父がこっそりつけていた日記を読ませてもらった，私を妊娠した日から日記は綴られていた。
> 　日記を読み，涙が止まらなかった。
> 　心の中では親のことを知っているつもりでだった。こんなにも想ってくれていたなんて……。

・Yさんの父の日記　1993年8月1日　妊娠3カ月目

> 　私にも子どもができたのである。今，3カ月目である。
> 　やがて生まれてくる子どもには，たくさんのことを教えよう。
> 　たくさんの物語を語って聞かせよう。自然になじませて，海の青さや怖さ，山の偉大さを伝えよう。色々なところに連れて行こう。字が読めるようになったら，宇宙の話や世界の話，地球の誕生や人類のこと，日本のことを語ってあげよう。そして，この生命のこと。
> 　きっと感受性豊かな優しい子になる。やがて来る21世紀にたくましく生きていける子に育てよう。20歳過ぎたら，自分で生きていける子にしなければ！
> 　自分で考え，自分で生活できる子に育てよう。

## ● 「家族に贈った感謝ムービー」作成のポイント

　4つの視点「2人の思い入れが強い」「家族とのエピソードを想起しやすい」「愛を感じる表情」「家族の誰かが撮った」から写真・動画を選んだ。

　4つの視点「家族が知っているアーティスト」「歌詞が思いと重なる」「さわやかな曲調」「思い入れのあるアーティスト」から，BGMの選曲「両親への手紙」（GReeeeN：作詞・作曲）を行った。

　そしてイントロ，1番AメロBメロサビ（Tさんの写真），2番AメロBメロサビ（Yさんの写真），Cメロ，大サビで構成した。

（熊本県　友田崇人）

| | 1年 | 2年 | 3年 |
|---|---|---|---|

何気ない気づきからの感動

# 13. 感動から生まれる感謝と尊敬の心

| 感　動 | ★★★ |
|---|---|
| 驚　き | ★★☆ |
| 新たな知恵 | ★★☆ |
| 振り返り | ★☆☆ |

web
2-13
授業用
パワーポイント

　生きとし生けるものに，感謝と尊敬の心を抱くことの大切さやよさを感じることができる教材です。教材にしている出来事は，口にはするけれど，つい「ぷっ」と吐き出してしまう小さなりんごの種から始まります。何気ないことに目と心を向け，そこから生まれる感動と心の広がりを共に考えたいと思い，授業を創りました。

「りんごの種」自作教材

### ■ 教材の概要 ■

　主人公は中学1年生の男の子。給食時間，歯に当たって口に出したりんごの種を，友達にからかわれながら，何とも言えない気分のまましばらく眺める。3日後，家族とりんご狩りに行くことになる。そこで，何となくりんごの木々を眺めていると，先日のりんごの種と木々とが重なり合うように見えてくる。そこからさまざまな疑問が生まれ，自然と心が動いていく。普段の何気ないことに目と心をとめて，自然のなかで生かされていることを自覚しながら，感動から生まれる感謝と尊敬の心の在り方を考えることができる教材である。

### ■ 授業構成 ■

| 0 | 5 | 10 13 | 23 | 35 | 43 45 | 50(分) |
|---|---|---|---|---|---|---|
| ●発問● 種を見てどう思った？ | 教材 | 感想 どう思った？ | ●発問● どんな気持ち？ | ●発問● どんな意味が込められてる？ | ●発問● 今をどう思う？ | スライド | ●発問● どんなことが生まれると思う？ |

**協働的な学び**　タブレットで学びを共有し，語り合う。

### ■ 本時の授業を中心に見取った評価文の例 ■

　物事に深く感じて心動くことのよさや，そこから生まれる感謝と尊敬の心の在り方を，協働的な対話のなかで見出そうとしていました。

協働的な学びの度合い ●●●●●●　　授業準備度 ●●●●●

## ねらい

自然の大きさに気づき，心動かされた際に生まれるさまざまな疑問から，生きとし生けるものへの感謝と尊敬の心の在り方を考えようとする道徳的心情を育む。

D21［感動，畏敬の念］

## 準備

・教材「りんごの種」（62ページに掲載）生徒数分
・10メートルのテープ　作業用

## 授業の実際（1年で実施）

授業開始直後，一人一人にりんごの種（現物）を1粒ずつ配った。その後，りんごの種の大きさをものさしで測るように促し，小さなりんごの種に対する関心を高めた。

### ■ りんごの種を手にとってみたり，測ったりして，どう思ったでしょうか。

■教材への関心を高める発問である。

子どもからは次のような反応があった。

・すごく小さくて軽いって思った。
・いろいろな種があるけれど，りんごの種は何だかかわいいって思った。
・給食によく出るけど，じっくりと見たのは初めてだった。

そこで，「給食時間によく出るりんごだけれど，今のようにじっくりと見つめたり，考えたりしたことはあったかな？」と問い返した。すると，シーンとなり，一人の子どもが「それは普通しないと思います」と言った。「そうなんだね」と子どもの考えを受け入れた後，教材「りんごの種」を配付した。

範読は主人公の心の変容が感じられるように抑揚をつけて行った。その後，感想交換の場面を設けた。子どもからは次のような反応があった。

・こんなにも小さな種から，あんなにも大きな木ができるって，改めて考えると不

議だし，驚いた。
・「頂きます」や「ご馳走様でした」にはどんな意味が込められているんだろうって思った。

続けて，10メートルのテープを取り出し，廊下に出て，りんごの木の大きさを体感できるようにした。子どもはりんごの種の小ささと比べ，驚きを隠せないでいるようだった。

その後，次の問いを投げかけた。

### ② 対 僕のなかにある「何とも不思議な気持ち」とは，一体どんな気持ちなのでしょうか。

■教材の僕に共感しながらも，表現しがたい心の在り方を自分の事として考える発問である。

発問後，協働的な学びになるように，タブレット内のGoogle Jamboardを活用するように促した。

子どもは次のような思考ツールを背景としたスライドで協働的に考えた。

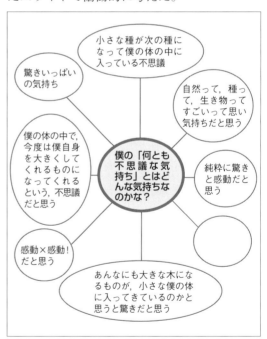

スライド上には次のような反応があった。

・驚きいっぱいの気持ち。
・小さな種が次の種になって僕の体の中に入っている不思議。
・あんなにも大きな木になるものが，小さ

60

な僕の体に入ってきているのかと思うと驚きだと思う。

・純粋に驚きと感動だと思う。

子どもが感じとっている僕の驚きと感動を踏まえ，次の問いを投げかけた。

### ❸「頂きます」「ご馳走様でした」にはどんな意味が込められているでしょうか。

■教材の僕に共感しながらも，感動から生まれた感謝と尊敬の心の在り方を考える発問である。

発問をする際には，下記のスライドに合わせ，りんごの種からのつながりが視覚的にイメージできるようにした。

子どもからは次のような反応があった。

・何を「頂く」のか，何に「ご馳走様」なのかって考えたことがなかった。

・「頂きます」には，あいさつというよりも，「ありがとうございます」というお礼という意味が込められているのかなと思った。

・単純に「頂く」というよりも，一つの命が次の命をつくるというのも頂くという，本当に大きなものを頂くという意味が込められているのかなと思った。

・「ご馳走様でした」はすごく大切な言葉で，「頂きます」からつながるものだと思った。

そこで，次の問いを投げかけた。

### ❹普段何気なく口にしているものから，こんなにも学びが得られる今をどう思うでしょうか。

■感動のよさを考えようとする発問である。

子どもからは次のような反応があった。

・すごく驚いたし，どうして普段意識していなかったんだろうって不思議に思った。

・いろいろな物にある命が自分を育ててくれているんだなって，しみじみと思った。

・すごく有り難いって思ったし，何だか人間以外の何かにすごい！って思った。

そこで，今までの学びをを踏まえたうえで，『私たちの道徳 中学校』（文部科学省）のp.115〜116をスライドで紹介した。4つの項目「自然の恵み」「自然の美しさ」「人間の力を超えるもの」「自然の神秘を感じる」の写真で構成されている。

感動から生まれる感謝と尊敬の心の在り方について，個人で考えるように促した。

https://www.mext.go.jp/component/a_menu/
education/detail/__icsFiles/afieldfile/2014/
12/01/1344901_7.pdf

### ❺（主・深）小さな種から始まった僕やあなたが体験した驚きや感動から，新たにどんなことが生まれると思うでしょうか。

■生きとし生けるものへの感謝と尊敬の心の在り方を自分の事として考えようとする発問である。

じっくりと考え込みながら，自分の考えをワークシートに書き込む姿が見られた。

一人の子どもの振り返りを紹介する。

・授業の最初にもらった小さな種から，こんなにも感動するとは思わなかった。そして，その感動がいろんなものへのありがとうにつながっていって，びっくりした。

## 教材 「りんごの種」 自作教材

　先日，理科の時間に「植物のつくりとはたらき」を学びました。植物にはどんな種類があるのか，おしべとめしべは何のためにあるのか，発芽してからどのように栄養分を蓄えていくのかなどを，様々な実験や観察を通して学びました。そのなかで，小学生の時からずっと疑問に思っていた「植物がどうして花を咲かせるのか」の答えがわかり，とてもスッキリしました。でも，また新たな疑問が湧いてきました。そのきっかけは，給食の時間に歯に当たったりんごの種を口から出した時でした。

　横にいた友だちに

「うわっ。汚い。種なんか出すなよ」

と言われ，僕は少しムッとして，

　（うるさいなー。種があるから悪いんだろ。なんで給食に種なんか入っているんだよ。食べられないじゃないか）

と思いながら，口から出した種をお皿の隅に寄せ，何とも言えない気分のまま，しばらくりんごの種を眺めていました。

　それから3日後，僕は家族と長野へりんご狩りに行きました。甘酸っぱくてシャキシャキのりんごが食べ放題。ぼくはりんごを3個も食べ，もう1つ食べようかと思いながらも一息ついて，椅子に座り，リンゴの木々をなんとなく眺めていました。するとどこからか「ぶわっ」と風が吹いてきて，リンゴの木々が大きく揺れました。その時です。先日学校で見つめていたりんごの種と，今，目の前にあるりんごの木々の姿が重なり合うように見えてきました。そして，こんな疑問の声が頭の中に聞こえてきました。

　（そういえば，先生が果物や野菜はすべて小さな種からできるって言ってたけど，あんなに小さな種がどうしてりんごになるのだろうか。どうしてこんな大きな木になるのだろうか。何が何のために赤くさせるのだろうか）

　その答えのいくつかは理科の時間で学んでいました。種から十数年でりんごができることも，ただ，同じ年数生きてきた僕とりんごとを比べると，あまりにも大きな違いがあり，なんとも不思議な気持ちになりました。手の平にのせても本当

に小さな種が，人がよじ登れなくなるほどまでに大きな木となり，実をつけ，今，僕の体に入ってきている。なんとも不思議な気持ちになりました。

「頂きます」

「ご馳走様でした」

　親や先生に教えてもらった食事の前後の挨拶。関わる人への感謝を表すために使う言葉だと思っていたけれど，2つの言葉の意味はそれだけではないような気がしてきました。

写真：イメージマート

（山口県　藤永啓吾）

| 1年 | 2年 | 3年 |
|---|---|---|

食品ロス問題を考える

# 14. ごちそうさまって言われたかった

| | |
|---|---|
| 感 動 | ★★☆ |
| 驚 き | ★★☆ |
| 新たな知恵 | ★★☆ |
| 振り返り | ★★☆ |

web
2-14
授業用
パワーポイント

「ごちそうさま」と言われずに捨てられる食品はどれだけあるのでしょうか。うっかり食べ忘れていたり，賞味期限を確認するのを忘れていたりしてしかたがなく捨てられてしまう食品。それらを減らすために，私たちにできることはないのでしょうか。食品ロス問題を自分たちの身近な問題として考え，議論できるような授業を創りました。

## 「もったいない!! 食べられたのに!」食品ロス削減を呼びかけるポスター

長野県環境部資源循環推進課　2017年作成

### ■ 教材の概要 ■

　食品ロス削減を目的として作られたポスターである。ポスターの上部には，ゴミ箱に入れられた食品とともに，それらが捨てられる原因がふきだしに書かれている。うっかり忘れていた，ついつい新しいものを買ってしまったなど，自分たちにも起こり得る原因を見直しながら，食品ロスに対する考えを深めるのに適した教材である。

### ■ 授業構成 ■

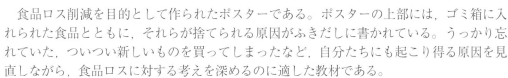

| 協働的な学び | ○か×か立場を決めさせ，議論する時間を設ける。 |
|---|---|

### ■ 本時の授業を中心に見取った評価文の例 ■

　ポスターに書かれていた言葉から食品ロスの原因について考えを深め，自分の経験を振り返りながら食品ロスを減らすためにはどうしたらよいか考えていました。

協働的な学びの度合い ●●●●●●　　授業準備度 ●●●●●●

## ねらい

食品を捨てるのは「しかたない」ことなのかという議論を通して，食品ロスを減らすために自分にできることから始めようという心情を高める。　　　　A2［節度，節制］

## 準備

・教材1（66ページに掲載）提示用
・教材2（66ページに掲載）提示用

## 授業の実際（1年で実施）

授業の開始と同時に，教材1のポスターにある食品の写真の部分を提示する。（この紙面では，イラストで示している。）

### ■ 写真を見て，気づいたこと・考えたことは何ですか。

**■教材に興味をもたせるための発問である。**

ペアで意見交流させた後，数名に発表させた。

・たくさんの食べ物がある。
・何か入れ物につめこまれているみたい。
・これらは料理に使われるのではないか。

生徒たちの意見を受け止めた後，「実は，この写真にはこんなふきだしの言葉がついていました」と言って，「ごちそうさま」の部分を隠して言葉を提示した。

> ☐☐☐☐☐☐☐☐って
> 言われたかった。

### ■ これらの食品は，何と言われたかったのでしょうか。

**■キーワードを印象づけるための発問である。**

近くの人と相談させた後，数名に考えを聞いた。

・おいしかった
・安い
・ありがとう
・いただきます
・ごちそうさま

そこで，☐☐☐☐☐☐には「ごちそうさま」という言葉が入ることを示し，次の発問をした。

### ■ 「ごちそうさまって言われたかった」とは，どういうことでしょうか。

**■ポスターの伝えたいことを考えさせるための発問である。**

個人で考えさせた後にペアで交流させ，数名に考えを聞いた。

・食べられることのないまま捨てられた食品なのではないか。
・食品ロスを少なくするために作られたポスターではないか。

食品ロスに関係する意見が出てきたので，生徒たちの意見をふまえたうえで，ポスターの「もったいない!!　食べられたのに!」という言葉と「へらそう!　食品ロス」の部分を提示し，食品ロスを減らすことを目的としたポスターであることを伝えた。

食品ロスの実態などについて教材2の農林水産省のサイトを用いて確認した。

その後，「しかし，このポスターにある食品には，このような理由があって捨てられているのです」と言って，食品の周りに書かれている7つのふきだし（以下①～⑦）の言葉を1つずつ提示した。

> ①賞味期限が昨日まで……早く食べればよかったわ

②食べようと思ってたけど忘れてた……

③誰も食べないから捨てるしかないわ

④お買い物でついつい新しいパンを買ってしまって……

⑤冷蔵庫に入れ忘れたからしかたないわ

⑥結局食べないまま賞味期限になってしまったわ

⑦食品庫に入れっぱなしにしておいたら賞味期限切れに！

生徒の反応を見ながら，次の発問をした。

## 4 みなさんは，①〜⑦のような経験はありませんか。

■自分たちの経験を振り返るための発問である。

自分（家庭）でも同じような経験がある（同じようなことを思ったことがある）と思ったふきだしの番号をノートに書かせた。0個でも複数でもよいと説明した。

個人で振り返らせた後，グループで交流させた。その後，どの番号を書いたのか，全体で確認した。その際に，「こういう経験があったの？」などと生徒に聞きながら，具体的な経験がある生徒の経験談を発表させた。教師はその経験談を受け止めながら話を聞いていった。

ある程度意見が聞けたところで，⑤にある「しかたないわ」という言葉を再度提示し，次の発問をした。

## 5 主探 こういう理由があるのなら，「しかたない」ことなのでしょうか。

■食品ロスに対する考えを深めるための発問である。

「しかたない」ことだと思う人は○，そうでないと思う人は×を書かせ，その理由をノートに書かせる。全員が選べたことを確認し，人数を確認した。

　　○：しかたない…13人
　　×：そうでない…23人

そこで，○を選んだ生徒の理由を聞き，その後に×を選んだ生徒の理由を聞いた。

○：しかたない

・賞味期限切れになった食べ物は，自分の体のためにも食べない方がよいから。

・誰も食べられないんだったら，もったいないけれど捨てるしかないのでは。

×：そうでない

・少しくらい賞味期限が切れたからって捨てる必要はない。調理の仕方を工夫すればよい。

・そもそも，①〜⑦のようなことが起こらないようにすべきだ。しかたないですましてはいけないと思う。

×の意見の中で「こうならないようにすべき」という意見が出たところで，次の発問をした。

## 6 対探 ①〜⑦のようなことが起こらないようにするためには，どうしたらよかったのでしょうか。

■具体的な対応策について考えさせる発問である。

①〜⑦のふきだしの言葉について，思いつくところから順に，自分の考えを書かせた。グループで意見交流した後，紹介したい意見を決めさせ，グループごとに発表させた。

・事前にどんな食べ物があるのか調べてから買い物に行く。

・本当に自分たちが食べるか考えてから買う。

・賞味期限がわかるように，どこかにメモを残しておく。

最後に，ポスターの全体を見せ，「一人ひとりができることから始めよう」という言葉を提示し，発問する。

## 7 主 食品ロスを減らすために，あなたにはどんなことができそうですか。

■これから自分が意識していきたいことは何かを考えさせる発問である。

学校や家庭でできることは何かを考えさせるとともに，今日の授業の振り返りをワークシートに書かせて授業を終えた。

家庭の取り組みも関係することなので，授業参観で行ったり，学級通信を使って家庭へ周知させたりすると，より効果的である。

## 教材

### 教材1 「もったいない!! 食べられたのに!」 食品ロス削減を呼びかけるポスター

長野県環境部資源循環推進課 2017年作成

### 教材2 「食品ロスとは」農林水産省ウェブサイト

https://www.maff.go.jp/j/shokusan/recycle/syoku_loss/161227_4.html

食品ロスの概要がグラフなどを用いてわかりやすく示されている。

（愛知県　平井百合絵）

# 人に優しく・
# 自分に優しく！
# 真の「優しさ」を培う

　論語では，生きていくうえでいちばん大切なことを「恕」，すなわち思いやりだと言われている。「優しくしよう」「思いやりの心をもとう」という言葉は，中学校でもいちばん言われてきた言葉であろう。ところが，匿名社会の浸透や個人主義の台頭から，「優しさ」や「思いやり」に対する価値感はぐんと落ちている。ますます「優しさ」や「思いやり」がなくなり，世知辛い世の中になってしまっていることに憂いを覚える。人に優しくすることの価値を改めて考えさせたい。

　また，自分を大切に思うこと，つまり「自分への優しさ」も大切である。自分に期待をもったり，自分を好きになったり，自分に自信をもつことである。これらは前の章の「命を大切に思う心」にもつながるものである。

　本章では，「人に優しく」する心と「自分にも優しく」する心の両方を大切にしたいという思いで実践を連ねた。そうすることで相互に作用して強化し合うものであろう。前者は内容項目Bの視点であり，本章では5本が該当する。後者はAの視点であり，本章では2本が該当する。これら内容項目の相関を生かしながら実践を積み重ねていくことで，より効果が高まる。

# 人に優しく・自分に優しく！
# 真の「優しさ」を培う

　優しさのある行動ができない殻を破るモデルを示す**「こんなことできるかな」**と，健康上の理由でチョコレートを食べることができない人への優しさから開発されたチョコレート秘話を教材にした**「世界一やさしいチョコレート」**は「人に優しく」の真ん中に踏み込んだ授業である。

　**「奇跡の１枚」**は，選手とカメラマンの間にあった互いへの敬意が優しさにつながることを知る。

　**「二つのステージ」**と**「それをお金で買いますか？」**は友人関係のなかで，相手の言動をどうとらえるかを考えさせる授業である。

　人との関わりのなかで，優しさについて多角的に考える5本である。

　そして，自分を知ることから自分を好きになることをエゴグラムを通して体験する**「心の中の５人家族」**。コンプレックスから解き放たれる経験を生き方のモデルとして知る**「自分を好きになる強さ」**。共に自分へ向いた優しさに出合う教材であり，これがあるからこそ人にも優しくできる。さらに「命を大切に思う心」も育むものである。

　これら７つの授業で，優しさを肯定する心を強化し，行動へとつなげる原動力とする。

<table>
<tr><td>1年</td></tr>
<tr><td>2年</td></tr>
<tr><td>3年</td></tr>
</table>

思いやりを気持ちから行動に

# 15. こんなことできるかな

| | |
|---|---|
| 感　動 | ★★☆ |
| 驚　き | ★★☆ |
| 新たな知恵 | ★☆☆ |
| 振り返り | ★★★ |

web
3-15
授業用
パワーポイント

　思いやりの気持ちはあるけれど，行動に移せないことはよくあります。「あの人だからできたこと」と自分の前に壁をつくるのではなく，すべては心一つだということを自覚させたいと考え，創った授業です。

**教材**

## 「結局，新井は凄（すご）かった。」
カープ新井選手引退記念企画広告
中国新聞　2018年11月5日付

### ■ 教材の概要 ■

　教材は，元プロ野球選手の黒田博樹さんが盟友の新井貴浩さんの引退記念に出した個人広告である。表面に新井選手の不振を取り上げた過去の新聞記事をちりばめ，裏面は「結局，新井は凄かった。」のキャッチコピーで，同選手をたたえねぎらうユーモアあふれる広告である。日本新聞協会広告大賞を受賞した。その黒田さんがボランティアでゴミ拾いをしている中学生の手伝いをして，サインボールも送ったという新聞記事と併せることで，自分の心の壁に気づかせることができる教材である。

### ■ 授業構成 ■

| 0 | 5 | 9 | 13 | 21 | 29 | 32 | 42 | 45 | 48 50(分) |
|---|---|---|---|---|---|---|---|---|---|
| 教材 | ●発問●<br>載っている内容？ | 説明<br>広告の説明 | ●発問●<br>黒田さんの思い？ | ●発問●<br>自分に関係ない？ | 説明<br>状況<br>説明 | ●発問●<br>できること？　簡単？<br>できている？ | 説明<br>黒田さんの手伝い | ●発問●<br>黒田さんにあるもの？ | 説明 |

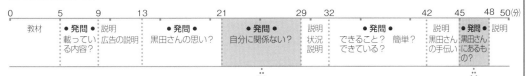

| 協働的な学び | 全員起立して発表 | 4人班で交流する |
|---|---|---|

### ■ 本時の授業を中心に見取った評価文の例 ■

　スポーツ関連の教材から学ぶときは，特に積極的に道徳授業に取り組んでいました。カープの黒田さんの思いやりの行動力から学ぶ授業では，日頃も思いやりの行動ができているのですが，さらに勇気をもって取り組みたいと意欲をもちました。

協働的な学びの度合い ●●○○○○　授業準備度 ●●●●○

## ねらい

　黒田博樹さんが新井貴浩さんの引退試合に出した個人広告と，黒田さんが行った少年への手伝いを通して，思いやりある行動がとれない理由は自分がつくる壁にあることに気づき，思いやりのある行動に対して積極的な態度を育てる。　　　Ｂ６[思いやり，感謝]

## 準備

・教材　「結局，新井は凄かった。」（72ページに掲載）提示後，画像を配付
・資料　（72ページに掲載）提示用
・参考にしたウェブサイト（72ページに掲載）提示用

## 授業の実際（1年で実施）

　「プロ野球の話。新井貴浩さんが広島カープの監督に就任し，2023年のシーズンの指揮をすることになりました。2018年に選手を引退していますが，その年の11月5日に次のような新聞広告が出ました」と説明して，ロイロノートで教材1の表面を提示，生徒に送信した。1分ほど自由に読ませた。生徒は紙面を拡大しながら読んだ。

## ■どのようなことが載っていますか。
**■教材への興味を高める発問である。**

　挙手した数人に発表させた。新井さんの失敗したこと，チームがうまくいっていないこと，ほかの選手のがんばりなどがあげられた。
　「新聞実物を見せます」と言って紙面を見せた。続けて「その裏面までが広告でした」と言って裏面を見せた。紙面の中央の言葉「結局，新井は凄かった。」を代表の生徒に読ませた。透かしてみると，表面の文字「カレの奇跡」と裏面の文字「結局，新井は凄かった。」が重なるという授業者の気づきを伝えた。生徒から「すごい」という言葉も出てきた。
　さらに，「裏面のここ（右下）に広告主の名前が出ています」と言って，生徒に「黒田

博樹」と読み上げさせた。「新聞の表面に名前があった」と，表面に載っていたピッチャーであることに何人かの生徒が気づいた。
　「新井さんに『盟友』黒田さんが出した新聞広告でした。2人が盟友だったことがわかる経歴を説明します」と言って，資料を提示した。
　続けて，参考にしたウェブサイトの(1)の内容をもとに，「盟友に向けた粋な計らいが話題になったこの広告は，日本新聞協会広告大賞を受賞しました。個人が受賞するのは初めて。授賞理由は，ユーモアあふれる広告に2人のほほえましい関係を見てとることができ，多くのファンを喜ばせたことだそうです」と，そのポイントを説明した。

## ■引退する新井さんに向けて新聞広告を出した黒田さんは，どのような思いでこのような広告を出したと思いますか。
**■黒田さんだからこそできたことに気づかせる発問である。**

　ペアトークの後に挙手・発表させた。
・がんばったなというねぎらい。
・新井さんの凄さを伝えたかった。
・こんなに言われてもよくがんばった。
・黒田さんから新井さんへの真心，思いやり。
　「真心や思いやりという言葉のように，黒田さんの温かい思いにたくさん気づきましたね。ここまでが授業の前半です。さて，黒田さんはプロ野球の選手で皆さんから遠い存在です。こういうことはピンとくる話なのかな」と言って，次の発問をした。

## ■主対今までの話は「自分には関係がない話」と思う気持ちがあなたの心のなかに起きていませんか。（起きている・起きていない）
**■自分に結びつけてとらえない意識に気づかせる発問である。**

　それぞれの立場で起立させ，その理由を発表させていった。理由が重なった生徒は着席する方法をとった。
**起きていない…3人**

・仲間を大切にしたいと思った。

・そういう人になりたいと思った。

・それくらい大切にしたい友達がいる人はきっといると思うから。

**起きている…30人**

・プロスポーツの選手の間で起きていること。

・2人の関係で，このような広告が出せる。

・すごいアイデアで，どんなにお金があったとしても思いつかない。

・照れてしまうから，できない。

発問**2**と**3**は次のように黒板に表を書いていった。ワークシートも同じ形をとっている。

**板書　ワークシートの表　場面1**

| まとめ | 新聞広告 | |
|---|---|---|
| 黒田さん | 発問**2**<br>広告に込めた思い | |
| 自　　分 | 発問**3**<br>関係ない（多数） | |

「特別な存在の黒田さんの話から離れ，中学生の自分について考えてみます。ある朝，あなたは，一人の中学生がボランティアで道端のごみを拾っているのを見かけました。あなたには少しは時間があるとしましょう」と場面を設定して，次の問いをした。

**4** 主 探 **その人のことを思いやる，真心がある行動としてどのようなことができるでしょうか。それは簡単ですか。実際できていますか。**

■身近な問題に対する自分の考えや行動を考えさせる発問である。

生徒から「知っている人か知らない人かで答えが変わる」という発言が出たので，それ

**板書　ワークシートの表　場面2**

| できること | 知っている人ならできる | 知らない人でもできる |
|---|---|---|
| ①手伝う | 25（実際できる… 7） | 4 |
| ②感謝やねぎらい | 28（実際できる…23） | 8 |
| ③心のなかで思う | 33（実際できる…33） | 25 |

を加味して問い，挙手させ，表の右下の枠に次のように数を板書していった。

①や②のように行動することとはハードルが高いこと，知らない人にはなかなかできないことを確認した。

「実は，この場面設定は，実話から考えました。2022年9月のある朝。中学校3年生の生徒がいつものように道端のごみをボランティアで拾っていると，サングラスにマスク姿の男性が一緒に5分間ごみを集めてくれたのでした。その人は何と黒田さんでした」と参考にしたウェブサイトの(2)の内容を説明した。「黒田さんは『知らない人』に『行動』したんですね」と確認し，次のように板書およびワークシートの右上の枠まで埋めた。

**板書　ワークシートの表　場面3**

| まとめ | 新聞広告 | ゴミ拾いを見て | |||
|---|---|---|---|---|---|
| 黒田さん | 発問**2**<br>広告に込めた思い | 見知らぬ少年を<br>5分間手伝った。 | |||
| 自　　分 | 発問**3**<br>関係ない（多数） | **発問4** | | | |
| | | できること | 知っている人ならできる | 知らない人でもできる | |
| | | ①手伝う | 25（実際できる… 7） | 4 | |
| | | ②感謝やねぎらい | 28（実際できる…23） | 8 | |
| | | ③心のなかで思う | 33（実際できる…33） | 25 | |

**5** 主 対 **黒田さんの心にあって，自分の心に足りないものは何だろう。**

■見知らぬ人にも行動できるのはなぜか考えさせる発問である。

ワークシートに書かせて4人班で交流させた。そのなかから早く終えた3つの班に，表の横に板書をさせた。

・人のことを思いやる態度。信念。

・行動がとれる勇気。

・できない理由を探さない。

「黒田さんと比べて，皆さんの方にあるもの。それに気づきますか。それは若さです。今から黒田さんのような大人になるまで十分時間はあるので，年齢を重ねながら，成長していきましょう」とエールを送って授業を終えた。

## 教材　「結局，新井は凄かった。」 カープ新井選手引退記念企画広告　中国新聞　2018年11月5日付

## 資料　新井貴浩さんと黒田博樹さんの野球歴 （授業者まとめ）

| 黒田博樹 | 新井貴浩 |
| --- | --- |
| 1975年2月生まれ | 1977年1月生まれ |
| 1996年　カープドラフト2位入団 | 1998年　カープドラフト6位入団 |
| 2005年　最多勝獲得 | 2005年　ホームラン王獲得 |
| 2008年　MLB（ドジャース）へ移籍 | 2008年　阪神へ移籍 |
| 2015年　カープに移籍 | 2015年　カープに移籍 |
| 2016年　引退 | 2018年　引退 |
| 2023年　カープ球団アドバイザー就任 | 2023年　カープ監督就任 |

## 参考にしたウェブサイト

(1) 元カープ黒田氏が広告大賞受賞　盟友新井氏に向けたメッセージで
デイリーニュース　2019年9月6日付
https://www.daily.co.jp/baseball/carp/2019/09/06/0012673888.shtml

(2) 1人で続けた清掃　レジェンドは見ていた　黒田博樹さんから届いた
サインボール
中国新聞デジタル　2022年10月8日付
https://www.chugoku-np.co.jp/articles/-/224360　（無料会員登録で全文が読める）

（熊本県　桃﨑剛寿）

| | |
|---|---|
| 1年 | 感　動　★★★ |
| 2年 | 驚　き　★★☆ |
| 3年 | 新たな知恵　★★☆ |
| | 振り返り　★☆☆ |

持続可能なやさしさをめざして

# 16. 世界一やさしいチョコレート

web
3-16
授業用
パワーポイント

　温かな「思いやり」を中心的な内容項目としながらも，思いやりや支援を一過性のものではなく，社会とつながる持続可能なものとするための方策に目を向けさせたい，学校の中だけの思考から飛び出して，社会につながる視点を取り入れた学びをめざしています。「人を大切に思う心」と同時に，社会のなかでものごとを「どう判断・実践していくべきかを考える力」を育てたいと考え，この授業を創りました。

**教材** 「皮膚の難病の子どもたちに
"おいしい栄養"
『世界一やさしいチョコレート』」

TBS NEWS DIG Powered by JNN（公式YouTubeチャンネル）

■ 教材の概要 ■

　教材は2022年5月，TBSのニュース番組「Nスタ」で放送され，TBS/JNNのニュースを配信する「TBS NEWS DIG Powered by JNN」公式YouTubeチャンネルで視聴できる。食事についての悩みが非常に大きい「表皮水疱症」という難病の患者，特に子どもたちがおいしく栄養がとれるようにと，医大生である中村恒星さんが立ち上げたブランド「アンジュ」。その活動を通して，相手の立場を考えた深い「やさしさ」を知ると同時に，持続可能な支援のあり方についても考え，社会とつながって活動していくことの意味を深く考えるきっかけにすることができる教材である。

■ 授業構成 ■

| 0　　3　4　　7　　10 | 17 | 27 28 | 40 42 | 49 50(分) |
|---|---|---|---|---|
| 提示 さまざまなチョコレート｜画像｜●発問● コンセプト？｜問いを立てる「やさしい」とは？ | 教材1 ニュース映像　全体意見交換「やさしい」の意味 | ●発問● 持続可能のために？ グループ討議 →全体意見交換 | 教材2 実際の活動を知る 振り返り 自分の問いを想起して | |

説話　教科横断的に

　**協働的な学び**　グループで議論し，全体発表で意見を共有する。

■ 本時の授業を中心に見取った評価文の例 ■

　相手の立場に立ったやさしさの大切さに気づくだけでなく，支援が持続可能になることの意味について深く考え，積極的に話し合いに参加していました。

協働的な学びの度合い ●●●●●●●　　授業準備度 ●●●●●●●

## ねらい

　相手の立場を思いやるやさしさに気づき，持続可能な支援について考えていこうとする態度を養う。

　　　　　　　　　B6［思いやり，感謝］

## 準備

・さまざまなチョコレートの画像
・教材1　「皮膚の難病の子どもたちに "おいしい栄養"『世界一やさしいチョコレート』」（動画概要を76ページに掲載）
・教材2　「アンジュ」の多様な活動を示す画像など（参考サイトを76ページに掲載）

## 授業の実際（2年で実施）

　初めに，さまざまなチョコレートの画像をフラッシュカード的に見せ，興味関心を高めた。本時のテーマにつなげる伏線として，多様な製品が存在することに気づかせるために，身近な日常の嗜好品（しこうひん）としての製品から高級品，健康に配慮したもの，フードロスと向き合った製品など，さまざまなものを組み合わせた。生徒たちも興味津々で，画像が変わるたびに声を上げ，大きく反応していた。

　「いろいろなチョコレートがあるけれど，今日は皆さんにぜひ紹介したいブランドがあります」と伝えて画像を提示した。次のように一部を隠して提示した。

世界一　□□□□　チョコレート

写真提供：アンジュ

## ❶このチョコレートブランドのコンセプトは何だと思いますか。

　■教材への興味を高める発問である。

　「普通の板チョコ？」「これだけじゃわかんない」といった反応。ここで「アンジュ」のチョコレートの栄養価一覧を見せた。

　「めっちゃ入ってる」「栄養すごい！」とその栄養価の高さから，「体にいい」「健康な」とコンセプトを予想した。

　実際のコンセプトが「やさしい」であると明かしたところで，本時で考えたい問いを考えさせた。答えの意外さから（正解者は0人），「やさしい」の意味を深く知りたいという意見が多かったので，「『やさしい』ってどういうこと？」を本時の共通課題とした。

　次に，本時の中心教材である教材1の動画を視聴した。6分ほどのニュース映像である。視聴後，次の問いを行った。

## ❷ ㊙「やさしい」とはどういう意味なのでしょう。

　■問題を焦点化することで，さらに深く考えさせる発問である。

　全体で意見交換をした。映像に強く引き込まれた生徒が多く，いつになく積極的に発言する様子が見られた。誰に，誰が，何が，どんなふうにやさしいのかについて，多面的・多角的な意見が出されたのが印象的だった。

・この病気の人の身体にやさしいってことだと思う。普通のものだと痛くて食べられないけれど，このチョコなら食べられるから。
・難病で大変な思いをしている人の心にもやさしい。苦しい人にとって癒やしになる。

　「これをつくった中村さんがやさしい」という生徒の発言に「ええ？　自分がやさしいって自分で言う？」と返す生徒がいた。「そっか，でも，みんなもこんなふうにやさしい気持ちをもとうって意味もあるかも？」と私が振ると，「なるほど，確かに」「患者さんに笑顔で食べてもらえるのは，看病する家族にもやさしい。うれしい」というやり取りが続いた。

　次に，動画の最後に示されたSDGsの「3

すべての人に健康と福祉を」のマークに再注目させた。

中学生にとって，支援やボランティアはどうしても体験的な一過性のものになりがちだが，患者さんにとって大切な「持続可能」な支援という視点にしっかりと注目させて考えていくよう，次の発問をした。

**❸㊣やさしさのある製品・活動を持続可能な支援とするために，どんなことができるでしょうか。**
■視野を広げ，社会とのつながりのなかでできることを考えさせる発問である。

小グループ（4人〜6人）に分かれてアイデアを話し合わせた。ここでは可能性を狭めないように，実現可能かどうかにこだわらず，ブレインストーミング的にどんどん出させた。

また，タブレット端末をグループトークの集約に活用し，効率的な意見の共有を図った。

・スーパーやコンビニで売る。
・病院食にする。
・SNSを駆使する。
・ネット販売。
・YouTubeを活用。
・CMの工夫。
・大手企業と組む。
・定期便をつくる。
・会社を立ち上げる。
・SDGs関連を打ち出すイメージ戦略。

こちらが予想した以上の案を出したグループも多かった。今の中学生がインターネットなどを通して，若者の社会進出の様子を見聞きするなかで知識を得ていることが感じられた。社会とのつながりを意識させて学んでいくことの有効性を感じる場面であった。

その後，教材2を活用しながら，実際に中村さんが行っている活動のなかで，会社の設立，マスコミへの積極的露出（公式ウェブサイトにメディア掲載先が12社提示されている），多様なSNSの活用，クラウドファンディングの活用などを紹介し，共有した。

子どもたちのアイデアはかなりの割合で現実となっており，答えが出るたびに歓声が上がった。「その手があったか！」「今日帰ったらインスタフォローする」などの声が上がるなど，強い関心をもって話を聞いていた。

**❹㊣初めに立てた自分の問いに触れながら，振り返りをまとめましょう。**
■本時に全体で考えてきた共通解を，改めて自分の問いに照らし合わせて納得解に迫らせるための発問である。

・周りで一緒に食べている人も，いつも辛そうに食事をとっている人が隣で幸せそうに食べているのを見たら幸せになるよなと思った。食べる本人だけでなく周りの人も幸せにできるのがやさしいチョコレートだなと思った。

・本当にやさしいチョコだということが身に染みてわかりました。でも，食べやすい硬さや，栄養素への配慮を一つのチョコにするのは本当にたくさんの試行錯誤があったと思います。なので，とても難しいことだとは思いますが，私もこうやって普段の生活に不便がある人や困難に立ち向かっている人のための開発や取り組みをしていきたいです。

振り返りのなかに，「やさしさ」は製品の素晴らしさにとどまらず，患者を支える家族への思いやり，患者のQOL（クオリティー・オブ・ライフ＝生活の質）まで考えたものであることを感じ取っていることがよく表れていた。自分の問いとつなげることで，さらに深い学びになっている様子が感じられた。

最後にまとめとして教師の説話を行った。社会科でのカカオ産地や輸入の話題，家庭科での児童労働とフェアトレードの話題など，教科横断的に学びをつなげ，視野を広げていくヒントを示して学習を終えた。

事後に，中村さんから生徒にメッセージをいただくことができた。生徒たちは大変感激し，読み上げる一字一句を真剣に聞いていた。教材の学習にとどまらず，本物とつながることによるモチベーションの高まりは，大きな学習意欲や成果につながることを改めて実感した。

**教材** 教材1 「皮膚の難病の子どもたちに "おいしい栄養"
　　　　　　『世界一やさしいチョコレート』」【SDGs】

TBS NEWS DIG　https://www.youtube.com/watch?v=icS1RUwfQq4

※授業者によるまとめ

**動画の内容**

　表皮水疱症という皮膚の難病を抱える患者のために，完全栄養食としてのチョコレートを開発した医大生，中村恒星（なかむらこうせい）さんを取材したドキュメンタリー。表皮水疱症は，少しの刺激で体に水疱ができたり，皮膚がはがれたりする難病で，全国に約2000人の患者がいる。食べ物を食べるのにも痛みを感じるという患者のために，口どけが滑らかで美味（おい）しく栄養が取れるものを，と考えたのがチョコレートだった。中村さんと患者（4）とその家族の交流が中心に取材されている。

**中村さんのコメントから**

　「医学生の僕が何かできないかなということで，食べられる可能性を広げたものを作るっていうのは価値があるかなと思っていて」
　「少数だけど，大変な思いをしてる人たちに，フォーカスが当たるような社会にしたい。病気の人にとって（食べ物の）選択が多い社会をいろんな人と協力して作っていけたらと思っています」

## 教材2　「andew（アンジュ）」の実際の活動に関わる資料

**【公式ウェブサイトの活用】**　https://andew.co.jp/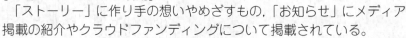
　「ストーリー」に作り手の想いやめざすもの，「お知らせ」にメディア掲載の紹介やクラウドファンディングについて掲載されている。

**【SNSの活用】**

Instagram　https://www.instagram.com/andew_chocolate/
Twitter　https://twitter.com/andew_chocolate
LINE　https://page.line.me/964coqwr

**【メディアの活用】**

・朝日新聞デジタル　2022年1月25日付
北大医学生が難病患者の目線で開発　「世界一やさしいチョコ」とは
https://www.asahi.com/articles/ASQ1S5H7GPDSOHGB00J.html

・PRESIDENT Online　2022年2月14日付
「北大医学部生が作った"超体にいいチョコ"が引っ張りダコ」
外科医・起業家の二兎（にと）を追う5年生の"野望"
https://president.jp/articles/-/54593

（岩手県　及川仁美）

| 1年 |
| 2年 |
| 3年 |

「感動」の裏にあるひたむきな生き方

# 17. 奇跡の１枚

| 感　動 | ★★★ |
| 驚　き | ★★☆ |
| 新たな知恵 | ★★☆ |
| 振り返り | ★☆☆ |

web
3-17
授業用
パワーポイント

「失敗」は誰にでも起こります。とりわけ大舞台での失敗となれば，そのショックからすぐには立ち直れないこともあるでしょう。ましてそれが，日本を代表してのオリンピックという檜舞台であれば，失敗のショックは計り知れません。今回取り上げたのはそんな失敗の後に写された１枚の写真です。写す方と写される方，それぞれからひたむきな生き方が伝わってきます。

 教材

「パシュート女子３人が見せてくれた最高の笑顔　カメラマンが涙腺崩壊したせいで撮れた奇跡の１枚」
47NEWS　大沼 廉　共同通信 2022年2月18日

### ■ 教材の概要 ■

　2022年北京冬季オリンピックスピードスケート女子団体追い抜き（パシュート）決勝。高木美帆，高木菜那，佐藤綾乃の３選手が出場した日本はカナダと対戦。最終コーナーで高木菜那選手がまさかの転倒により銀メダルとなってしまう。選手たちがショックで涙に暮れるなかで写された１枚の写真。その陰の真実を授業化した。

### ■ 授業構成 ■

| 0　3　5　　　8　　12　　　　17　　　23　25　　　32　　　　42　45　　　50(分) | | | | | | | | | | |
|---|---|---|---|---|---|---|---|---|---|---|
| 説明<br>2022<br>北京五輪 | 写真 | ●発問●<br>どんな職業？ | ●発問●<br>なぜ話題に？ | 写真 | ●発問●<br>どう撮った？ | 動画 | ●発問●<br>何に悩んだ？ | ●発問●<br>あなたならどうする？ | 教材 | ●発問●<br>満たしている？　どんな関係？ |

┌─────────────────────────────┐
│ 協働的な学び　グループ交流した後，発表する。 │
└─────────────────────────────┘

### ■ 本時の授業を中心に見取った評価文の例 ■

　写真を撮影する側と撮影される側，それぞれの立場や状況をふまえつつ，両者の関係を結ぶ信頼と友情の大切さに気づき，自身の生き方を見つめ直そうとしていました。

協働的な学びの度合い ●● ● ● ● ●　　　授業準備度 ●●● ● ● ●

## ねらい

　それぞれの立場や状況を尊重し合うことのすばらしさに気づき，温かい人間関係のなかで生きていこうとする態度を育てる。

B９〔相互理解，寛容〕

## 準備

・教材「パシュート女子３人が見せてくれた最高の笑顔　カメラマンが涙腺崩壊したせいで撮れた奇跡の１枚」（80ページに掲載）生徒数分

## 授業の実際（1年で実施）

　「2022年北京冬季オリンピックで印象に残った選手はだれですか」と発問した。記憶に残っていない生徒へ向けて，興味喚起のための導入発問である。

　次に，教材の記事中の一人のカメラマンの写真を提示した（本書ではイラストにしてある）。

### ■ この写真に写っている人はどんな職業でしょう。

　■教材への興味を高める発問である。

　挙手した生徒を指名すると，「選手を写したカメラマンだと思います」と発表した。「その通りですね。こちらは共同通信社の大沼廉さんという方です」と説明を加える。

　続けて，次の発問を提示した。

### ■ 大沼さんは2022年北京冬季オリンピックのとき，話題になりました。その理由を考えましょう。

　■教材への興味を高める発問である。

　すぐには思いつかない様子だったので，隣同士のペアで交流させた。その後，列指名をして発表させた。

　・競技に挑む選手の格好いい姿を写した。
　・新記録の瞬間を撮影した。
　・何かのスクープ写真を撮った。

　ヒントとして，次のSNS上のコメントを示した。

> ・「最高の写真！」
> ・「こっちも泣いた」
> ・「この写真にこんなエピソードがあったとは」
> ・「３人が泣き笑いしていた理由がわかった」

　「こんなエピソード」「泣き笑い」に興味を示した生徒もいれば，「３人」という表現に何かしらピンと来た生徒もいたようだ。

　そこで，「実は大沼さんは，『泣きじゃくるメダリストを笑顔に変えたカメラマン』と評されたのです」と説明を加えた。すると，数名の生徒から，「えっ，どういうこと!?」といううつぶやきがあがった。

　続けて，次の写真を提示した。

写真提供：共同通信社

### ■ こんなすてきな写真を，どうやって撮ることができたと思いますか。

　■当事者に寄り添って，その場面を深く考えさせる発問である。

　再び，隣同士でペア交流させた。その後に列指名で発表させると，「大沼さんが笑わせたから」「何かしらアクシデントがあったの

かも」「偶然撮れたとか」などと答えた。

そこで，「選手たちはどうして涙を流しているのでしょう」と補助発問をした。「うれし涙じゃないのかな」「笑いが止まらなかったのかも」といったつぶやきが聞こえるなか，「実は，北京五輪スピードスケート女子団体追い抜き決勝にて，最終コーナーで最後尾の高木菜那選手が転倒してしまったのです。その結果，2大会連続の金メダルを逃してしまいました。これはその後に行われたセレモニー終了後の写真なのです」と解説を加えた（当時の動画を見せることで，金メダルの重圧と転倒の無念や敗戦の悔しさなど，選手たちが置かれた臨場感がより伝わるだろう）。

その後，次の発問につなげた。

## ❹大沼さんは写真撮影の前に，どんなことに悩んでいたと思いますか。
■プロとしての使命感と選手への同情との葛藤に迫る発問である。

生徒は，その場の状況と大沼さんの立場に思いをはせ，悩みを共有しようとしていた。

「実は，その場にいた日本人カメラマンは大沼さんただ一人でした」と，大沼さんが置かれた状況に，さらに詳しい解説を加えた。

隣同士でペア交流をし，発表させた。「本当はにこやかな笑顔を写そうとしていたのに，悔しい選手たちの表情を撮影していいのだろうか」「銀メダルでショックを受けているのに撮影をお願いするのは気まずかった」「転倒によって金メダルを逃してしまったことがSNSなどで誹謗中傷につながるのではないかと悩んだ」などといった深い考察に基づく意見が出た。そこで，「遅れてゴールし，息も絶え絶えな彼女を撮影するのは，本当につらかった」という大沼さんの心境を説明した。

そこで，次の発問につなげた。

## ❺ 主 対 もし，あなたが大沼さんと同じカメラマンの立場だったらどうしますか。
■当事者に同化を促し，判断に迫る発問である。

各自でどうするかの判断と根拠を書かせた

後，グループ交流し，その後発表させた。

- 自分だったらプロのカメラマンとして，「1枚だけ写真をお願いします」といって撮らせてもらう。
- 私は頼みづらいので，スナップのように撮影してしまう。
- 写真を撮影できないままだと思う。

ここで，教材（p.80）の概要を，「大沼さんは悩んだ末，いいですかと静かに声をかけて了解を得たそうです。しかし，目を真っ赤にして肩を組みポーズを取る姿を見て，大沼さんはレンズを向けたままぼろぼろと泣いてしまいました。3人を支え続けた押切美沙紀さんも含めて素晴らしいし，彼女たちにもそう思ってほしかったそうです。しかし涙があふれてしまい，すみませんと言うのがやっとだったそうです。すると『いや，そっちが泣くのかー！ 力が抜けるわ』と目に涙をためていた3人は，涙顔のまま大笑いして撮影されたのが，この写真です」と説明した。

そのうえで，教材を配付して，私が範読した。このように2段階を踏むことで，読解力が厳しい生徒も，内容を予測しながら読める。

## ❻ 主 もしも友達に求めるものがあるとしたら，あなた自身はそれを満たしていると思いますか。
■友情は相手にだけその資質が問われるものではないことに気づかせる発問である。

挙手させると，1人だけ「満たしている」に挙手したが，ほかの全員が「満たしていない」に挙手した。

## ❼ 深 スポーツ選手とカメラマンの間には，どんな関係が求められるでしょう。
■信頼・友情を考えさせる発問である。

大沼さんが先輩カメラマンからかけられた「ほんの少しだったけれど，彼女たちが心から笑顔になれる瞬間を残せた」という言葉の意味とつなげてまとめさせた。

「選手たちを笑顔に変えたカメラマンの存在感や信頼感の大きさ」に気づいた生徒がいたことはこの授業の価値につながったと言える。

「パシュート女子３人が見せてくれた最高の笑顔
カメラマンが涙腺崩壊したせいで撮れた奇跡の１枚」47NEWS　大沼 廉

共同通信　2022年2月18日　https://nordot.app/866925219096936448?c=39546741839462401

　その瞬間，思わず「あっ」と叫んでしまった。15日の北京五輪スピードスケート女子団体追い抜き決勝。最終周の最終カーブで，高木美帆（日体大職）と姉の菜那（日本電産サンキョー），佐藤綾乃（ANA）の３選手がつくる日本チームの美しい隊列から，何かが離れていくのが見えた。誰かが転倒したと思ったが，カメラをかまえる第１カーブの出口付近からはよく見えない。数秒後，高木美帆と佐藤綾乃の２人が，ぼうぜんとした表情で目の前を通り過ぎた。そこで初めて，転倒したのが高木菜那と分かった。遅れてゴールし，息も絶え絶えな彼女を撮影するのは，本当につらかった。

　試合後のセレモニーは，メダルを獲得した選手をそばで撮影できる最高の機会だ。競技が始まる前から交渉し，セレモニーの時間にリンク内側のポジションに入る特別の許可を得ていた。

　ただ，私はセレモニーの間，とても悩んでいた。終了後に各選手をその国や地域のカメラマンが呼び止め，個別に撮影させてもらえる時間があるが，今回は呼び止めるべきなのだろうか。それ以前に個別撮影するべきなのだろうか。その場にいた日本人カメラマンは私一人だけだ。

　３選手は表彰されている間，複雑な表情を浮かべ，特に菜那はあふれる涙を何度もぬぐっていた。その無念さ，悔しさを思い，私も目頭が熱くなる。世界の強豪相手に死力を尽くして得た銀メダルは十分誇れる成績だが，悔しい結果でもある。そんな状況で「それでは笑顔で！」なんて，とても呼び掛ける気になれない。

　どうしよう。頭の中でぐるぐる悩んでいるうちにセレモニーは終わった。メダリストたちが各国のカメラマンの方へ歩み寄ってくる。悩んだ末，「いいですか」と静かに声をかけた。３人は「いいですよ」と応じてくれた。目を真っ赤にして肩を組み，ポーズを取る姿を見て，私はレンズを向けたまま，不覚にもぼろぼろと泣いてしまった。

　この日まで１年数カ月，短い期間だが多くの写真を撮らせてもらった。大会や練習，合宿，選考会――。この舞台にたどり着くまで懸命に練習し，激走する彼女たちの姿を間近で見てきた。リザーブとして３人を支え続けた押切美沙紀（富士急行）も含めて素晴らしいと思うし，彼女たちにもそう思ってほしかった。

　しかしその思いは言葉にならず，代わりに涙となってあふれてしまった。とてもファインダーをのぞけない。「すみません」と言うのがやっとだ。

　すると「いや，そっちが泣くのかー！　力が抜けるわ」と目に涙をためていた３人は，涙顔のまま大笑い。私もむせびながら，どう撮ったか記憶が定かではないが，後でカメラを見ると満面の笑みが記録されていた。名前は知らないまでも，いつも撮影に来ているカメラマンと分かってくれていたようだ。

　撮影後，別の競技会場へ移動する車中でカメラマンの先輩がこう声を掛けてくれた。

　「あの時，おまえが声を掛けて写真を撮らなかったら，このレースで残るのは転倒の瞬間や涙に暮れる菜那選手など，悲しい写真ばかりだった。ここまで努力して，最後まで懸命に闘った選手たちもそれはつらいはず。ほんの少しだったけれど，彼女たちが心から笑顔になれる瞬間を残せた」

　情けない姿を見せてしまったが，そのせいで彼女たちの心が少しでも和らいでくれるのなら，と願わずにはいられなかった。生涯忘れられないひとときとなった。

（北海道　山下　幸）

仲間が支え合うとは

# 18. 二つのステージ

| | |
|---|---|
| 感　動 | ★★☆ |
| 驚　き | ★★☆ |
| 新たな知恵 | ★☆☆ |
| 振り返り | ★★★ |

**web**
3-18
授業用
パワーポイント

　どんな状況であれ，中学生にとって部活動は，学校生活の大きな部分を占めています。コロナ禍のなかでも，子どもたちは，精いっぱい練習に取り組んでいることでしょう。そんな部活動でのワンシーンから，仲間との関係を考えていけないかと思い，この授業を創りました。

 **「二つのステージ」**
自作教材

### ■ 教材の概要 ■

　卓球部に所属する中学生3年生のかずちゃんは，公式戦の日とお祭りのお囃子(はやし)を演奏する日が重なってしまった。思い悩んだかずちゃんは，地域の伝統行事であるお囃子の演奏を選んだ。しかし，しっくりいかない気持ちもあった。そんなとき，部活動の仲間からの温かい言葉にかずちゃんは，勇気づけられるのであった。

### ■ 授業構成 ■

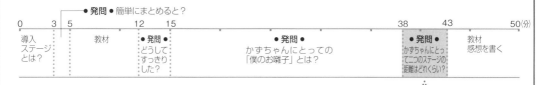

| 協働的な学び | かずちゃんにとっての二つのステージの距離を実際に表現して，お互いの考えを共有する。 |
|---|---|

### ■ 本時の授業を中心に見取った評価文の例 ■

　距離があっても強い思いがあれば，お互い励まし合える関係をつくることができることに気づき，友情関係を高めたいという思いを深めました。

協働的な学びの度合い ●●●●●●　　授業準備度 ●●●●●●

## ねらい

　最後の練習試合に参加できた主人公の思いを通じて，友達との関係を深め高め合いながら，豊かな人間関係を築いていこうとする道徳的な心情を培う。　　　B8［友情，信頼］

## 準備

・教材「二つのステージ」（84ページに掲載）
　生徒数分

## 授業の実際（3年で実施）

　「『ステージ』っていえば，何を思い浮かべるか」と聞くと，多くの生徒が，「発表をする舞台」「部活動の大会」というような内容であった。
　「今日は『二つのステージ』というお話を読んで考えます」と言って，簡単に内容の概要を話してから，教材を配付し，範読をした。

### ❶このお話を簡単にまとめてみましょう。
　■教材の内容を大まかにとらえ，共有する発問である。
　生徒は皆，もう一度「二つのステージ」を読み直した。
　そして挙手して発表をするように求めた。
　一人の生徒から，「お囃子か，引退試合かで迷っているかずちゃんがお囃子を選んで，引退試合もできた」と答えた。ここでは，大筋を間違っていなければよいので，「簡単にまとめることができたね」と評価した。
　今回，かずちゃんがお囃子の演奏を選んだことは，道徳的な判断ではあるが，それを問うと異なった価値の優劣を議論してしまうので，そこは問わない。お囃子の演奏を選んだかずちゃんの思いに迫れるようにして中心発問へと続けたいので，「終わりから3行目のところで『でも，気持ちは，すっきりしていた』とあるよね」と確認させた後，次のような発問を行った。

### ❷かずちゃんの気持ちはどうしてすっきりしたのでしょうか。
　■道徳的価値について考えを深める中心発問である。
　「かずちゃんの思い」を生徒全員に聞いていった。たくさんの意見が出た。
・どっちもやりきれた。
・やりたかったことがどっちもできた。
・部活の人たちが応援してくれた。
・引退試合をさせてくれたS中学校や友達に感謝。
・周りの計画，サポートでやりたいことができた。
・前の日に部活の仲間と話ができてよかった。
・みんなのおかげでうれしい気持ち，感謝の気持ち。
・複雑，引退試合の間の試合がよかった。
・自分のためだけに時間をつくってくれた。
・応援してくれたら応援しようと思った。
・離れた場所でも応援しよう。
・3年間一緒にがんばれたからありがとう。
　「みんなの意見から『感謝』という気持ちがいっぱい出てきたけれど，どうしてそんな気持ちになったのでしょうか」と問い返した。すると一人の生徒が「僕の気持ちを大切にしてくれた」と答えた。「僕の気持ちってどんな気持ち？」とさらに返すと，「本当は，試合にも出たかったという気持ち」と答えた。
　ほかの生徒が「仲間っていいなと思った」と加えてきた。その生徒に「どうして？」と聞くと，「つらいとき，支えてくれるから」と発表した。「なるほど，すてきだね，ほかにはどうかな」と広げると，3人が発表した。
・お祭りを選んだ僕に温かく接してくれた。

・本当は，わがままかもしれないけど，それを許してくれた。
・僕の祭りに対する思いを大切にしてくれた。

**❸ 深 かずちゃんにとっての「僕のお囃子」って何でしょうか。**

■かずちゃんの「お囃子の演奏」に対する決意を問う発問であり，仲間の思いを受けて，離ればなれになっても，お互いつながっているということを意識させたい発問である。

・みんなもがんばっている，僕もこっちで精いっぱいがんばろう。
・一所懸命がんばろう。
・みんなも当日がんばるから，僕もがんばろう。
・部活もやりきれた。お囃子もやりきろう。
・こっちもがんばろう。

そこでさらに「僕のお囃子」ってどう思いますか」と問うと，4人が次のように答えた。

・最高のお囃子。
・仲間と一緒でなくても支えてくれる。
・僕は一人ではない。心は仲間と一緒。
・お囃子を演奏しながら，心ではみんなを応援する。

**❹ 対 かずちゃんにとって二つのステージはどれくらいの距離なのでしょうか。**

■かずちゃんと，仲間との関係を具体的に形で示す発問である。

この発問では，実際に両手を出して，どれくらいの距離かを聞いていって，実際に両手で表現を生徒にさせた。

生徒のなかには，少し距離をおいた生徒もいれば，両手を重ね合わせた生徒もいた。なかには，「パチン」と音をたてて，両手を合わせた生徒もいた。

こういったものも役割演技的な手法と呼べるだろうか。生徒たちがこの教材のなかからどんなことを考えたのかが，わかるようで興味深い発問となった。

最後に，授業の感想をワークシートに書かせて授業を終えた。生徒の感想は次の通りであった。

・この「二つのステージ」という題名は，「お囃子か，引退試合か，二つのステージを選ばなくてはいけない」という意味ではなくて，「どちらかではなく，二つとものステージを楽しんでいい」という意味なのかなと思いました。
・かずちゃんにとってお囃子も部活もどちらも同じくらい大切にしたいと思っていてどちらかを選ばなければいけないとなったとき，すごく悩んだと思います。だけど，最後には「気持ちは，すっきりしていた」と言っていました。それは仲間たちが自分のために引退試合をつくってくれて「二つのステージ」に出れるからだと思います。
・もし，かずちゃんがこの日に部活に行っていなかったら，明日のお囃子は「僕だけ試合に参加しなくて申し訳ないな」などとモヤモヤした気持ちで演奏することになっていたと思うから，この日，代わりに引退試合をつくってくれた仲間たちに本当に感謝していると思います。

**●この教材を扱う際の留意点**

本教材はありふれた学校での一場面を描いたものである。しかし，地域によっては，地元のお祭りと最後の公式戦との選択に迷うというのは，理解しがたいかもしれない。実際，祭りのさかんな本校の生徒でも祭りを選んだかずちゃんの気持ちがもう一つわからないところがあった。また，生徒は，友達への友情という言葉より，「感謝」という言葉をよく使っていた。どのような展開にしていくかは，授業される先生方の思いに委ねたいと思う。

　とうとう中学生になって３度目の７月が来た。でも，今年の７月は僕にとっては，少し違う。
　僕は，仲間にもなかなか言い出せない悩みを抱えていた。僕は中学３年生。もちろん受験のことも気になるけれど，それより感染症の流行でできなかったお祭りのお囃子の演奏が今年はどうなるのかが気がかりだ。僕の町では，毎年大きなお祭りがある。全国から観光客がたくさんやってくる大きなお祭りだ。僕はそのお祭りを支える側の地域に住んでいる。当然当たり前のように小さい頃からずっと，お祭りとは深く関わってここまで生きてきた。何度もお囃子を演奏した。僕はお囃子を演奏することに誇りのようなものを抱いていると思う。そして，今年は３年ぶりに，盛大にお祭りをたぶんできそうだということで，町の人たちはとても盛り上がっている。僕も，久しぶりのお祭りに参加できるということに胸が熱くなる思いを感じていた。
　そして僕は，中学校では卓球部に入っている。決してうまくはないと思うけど，自分なりに一生懸命，練習に打ち込んできた。顧問の先生は，そんな僕のことを認めてくれて，他の部員を差しおいて僕を試合出場選手の１人にエントリーしてくれた。この個人戦が僕にとって３年間の最後の公式戦となる。しかし，大きな問題が起こった。３年ぶりにお祭りでお囃子を演奏できる日とその試合の日が重なってしまったのである。３年生最後の試合。３年ぶりのお囃子。僕は，いたたまれない気持になっていた。
　「どうしよう。」僕は，すごく悩んだ。久しぶりのお祭りのお囃子。お祭りは，僕のこだわり。もちろん出たい。でも中学生最後の部活の公式戦。最後の対外試合。どちらも僕にとってはとっても大切なことだ。親や地域の人たちの思い，顧問の先生や仲間たちの思い。僕は悩んだ。さんざん迷った末，お祭りのお囃子に参加することを僕は選んだ。
　お祭りの前日，僕は，お祭りの打ち合わせの関係で，朝早くから家を出た。この日は，公式戦前日で，最後の練習試合が学校で行われている。僕は今まで一緒にやってきた仲間たちのことがとても気になった。きっと明日の試合でいい結果を出すために，最後の練習に精を出していることだろう。僕はここにいて本当にいいのだろうか。僕は，打ち合わせ会場の時計を見ながら，明日のお祭りについて話すおじさんの言葉を耳の中にぼんやりと流していた。
　幸運にも打ち合わせは，僕が思ったよりも早く終わった。
　「今だったら間に合うかも知れない。」僕は急いで家に帰り，すぐに着替えて，学校へ向かった。みんなの顔が見たかった。このままみんなに会わないで明日，離ればなれで違う場所にいるのは嫌だった。心にいろんな思いをかかえて学校へ着くと，Ｓ中学校が練習試合に来ていて，僕たちのチームとの練習が続いていた。キャプテンのまっちゃんが，僕が来たことにまっさきに気がついて声をかけてくれた。
　「かずちゃん，こられたんだ。早く準備して試合やろう！」
　顧問の遠藤先生も声をかけてくれて，今日，学校にきたことをほめてくれた。僕は，明日試合に参加しないこともあり，複雑な思いで，どう反応して良いのかわからなかった。
　そんなぐずぐずしている僕を，まっちゃんは，快く迎えてくれた。でも，今からみんなと一緒に練習をするのはちょっと恥ずかしい。みんなの中に入りづらくて，一度体育館の外へでた。体育館の外で靴ひもを何度も結び直しながら，だらだらとしていた。そんなとき，後ろから声が聞こえた。
　「かずちゃん，何をしているの？　かずちゃんの引退試合は今日だよ。」
　「え，どういうこと。」
　「そうだよ。みんなで応援するから，早く中に入ろうよ。対戦相手が待っているよ。」
　かずちゃんだけでなく，副キャプテンで，同じクラスのたけちゃんが声をかけてくれた。
　「早く，早く，一日早いかずちゃんの引退試合。みんなで応援するからね。」
　まっちゃんや，たけちゃんに，声をかけられ，僕は照れくさくなった。
　「いいよ，別に。まだ，部活動もあるし。」
　「だめだよ。他の学校の人と試合できるのは，かずちゃんには，今日しかない。今日やらないと絶対ダメだよ。」
　強く声をかけるキャプテンのまっちゃんの声を聞いて，僕は，このままではいけないと思った。たけちゃんも「応援するよ」と笑ってくれた。
　僕は，Ｓ中学校の選手と試合をした。さんざんの負け試合だった。でもまっちゃんやたけちゃん，一緒に頑張ってきた３年生のみんなが応援してくれた。負けたけれど，嬉しかった。よかったと思う。なんとなく，ちゃんと３年間の活動を終わったという気がした。そして，まっちゃんが声をかけてくれた。
　「お疲れ！　僕たちより先に引退だね。」その言葉に何とも言えない気持ちになった。明日，僕はみんなを直接応援することはできない。でも，今日ここで感じた思いは，ずっと大切にしたいと思った。明日は，僕は，仲間たちとはちがうステージに立つ。でも，気持ちは，すっきりしていた。今日，練習に来ることができたことは，とてもよかった。
　明日，お祭りで僕のお囃子を演奏しよう。僕はそう思った。

（京都市　藤井裕喜）

| 1年 | 2年 | 3年 |
|---|---|---|

**友達を大切に思う気持ち**

# 19.それをお金で買いますか？

| 感　動 | ★☆☆ |
|---|---|
| 驚　き | ★★☆ |
| 新たな知恵 | ★★☆ |
| 振り返り | ★★★ |

**web**
3-19
授業用
パワーポイント

　中学生にとって友達との関係は，学校生活を左右する大きなポイントの一つでしょう。たとえ大切な友達であっても，伝え方やそのタイミングによっては友達との関係が崩れてしまうこともあります。『それをお金で買いますか』をきっかけとして，友達との関係について深く考える時間をもちたいと考え，開発しました。

 **「選挙の応援演説」**
自作教材

### ■ 教材の概要 ■

　生徒会選挙に立候補する友達のA君に応援演説を頼まれたB君。いいスピーチ原稿を書きたいがうまくいかず，ライターに相談して有料で原稿を書いてもらった。B君の感動的な演説の成果もあってか，A君は当選。選挙後に，B君の原稿は専門家によって有料で書かれたことが判明。B君の応援演説の価値は下がるのか，変わらないのか。友達の言動を多面的にとらえることの大切さについて考えることのできる教材である。『それをお金で買いますか　市場主義の限界』マイケル・サンデル：著　鬼澤忍：訳（早川書房）を参考に自作した。

### ■ 授業構成 ■

| 0 | 5 | 8 | | 23 | | 33 | | 43 | 48 50(分) |
|---|---|---|---|---|---|---|---|---|---|
| ●発問● 友達のよさ？ | 教材 | ●発問● 賛成？　反対？ | | ●発問● 伝えるタイミング？ | | ●発問● 価値は変わる？ | | ●発問● 振り返り | 説話 |

**協働的な学び**　「心の集直線」を活用し，自分の判断を可視化することをきっかけに話し合いを展開する。

### ■ 本時の授業を中心に見取った評価文の例 ■

　友達の存在の良さについて改めて深く考え，友達の言動を一面的にとらえるのではなく，相手の立場に思いをはせて考えることの大切さを学んでいました。

協働的な学びの度合い ◉◉ ○ ○ ○ ○　　授業準備度 ◉◉◉ ○ ○ ○

## ねらい

　友達のためのスピーチ原稿を有料で準備することの是非と、誠実とは何かについて話し合うことを通し、道徳的判断力を養う。

B8［友情，信頼］

## 準備

・教材「選挙の応援演説」（88ページに掲載）掲示用
・デジタル教材「心の数直線」（熊本市教育センター）タブレット端末でアクセス，スライドで提示
・「アンビグラムともだち⇔たからもの」ノムライッセイ：作（提示用）

## 授業の実際（2年で実施）

**■1**今までに，友達がいてくれてよかったな，友達っていいな，と感じたことはありますか。それはどんなときですか。

　■教材を自分事として考えることができるようにし，ねらう内容項目への関心を高める発問である。

　導入の短い時間で考えることができるように，発問**1**を事前に予告し，授業前に考えておくように指示しておく。ワークシートに記入した後，席の近い者同士で意見を交換し，その後，全体で共有する。導入なので時間をかけすぎないようにする。数名指名して発表し，全体で考えを共有できるようにする。出た意見をもとに考えを広げられるように，キーワードを板書していく。

　「生徒会の役員選挙が近づいてきましたね。投票の前に立会演説会があり，立候補者と応援演説者によるスピーチがあります」などと，学校の選挙について説明する。

　「今日は，立ち会い演説会をめぐる中学生のお話です」と話した後，教材を読む。

**■2 主 対** お金を払って原稿を書いても

らうB君の判断に，あなたは賛成ですか。反対ですか。そう考える理由も教えてください。

　■各自の判断を可視化し，議論のきっかけをつくる発問である。

　ここでは，熊本市教育センターが公開しているデジタル教材「心の数直線」を活用し，タブレット端末で各自の考えを可視化する。

　「この友達の意見を聴いてみたい」といった話し合いのきっかけをつくる。活用の仕方については，熊本市教育センターのサイトを参照いただきたい。

http://www.kumamoto-kmm.ed.jp/kyouzai/
web/Heart-meter3/Heart-meter3_manual.pdf

　ここではハートモードを活用し，賛成はピンクで，反対は青で示し，タブレットを通して提出する。どちらの考えがどちらの色を示すのか生徒が迷わず選択できるように，スライドなどで示したい。

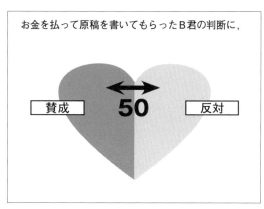

　そのように自分が判断した理由をワークシートに書く。周囲の意見に流されずに自分の考えを示すことができるように，「心の数直線」を全員が提出してから共有するようにしたい。自分と意見が違う友達，同じ友達の両方に，そのように判断した理由について意見を交流する。この際，自由に立ち歩いて意見交流することで，多様な価値観に出合わせたい。数名指名し「賛成」「反対」を左右に分けてそのように判断した理由を板書していく。

・B君の感動したのに，本当のことを知ってショック……。
・ずっと知らないままより，本当のことを

知れてよかった。

・A君の応援をするためにそこまでしたB君はある意味友達思いなのではないか。

・B君の，A君を大切に思う気持ちはわかるけど，自分がA君だったら事前に言ってほしかった。

・専門家にお金を払う前に，うまく原稿が書けないことを，B君はA君や友達に相談して，みんなで協力して原稿を書けばよかった。

**❸ 㵀 B君は本当のことをA君に伝えるべきだった，と考える人が多かったようですが，演説会の前に伝えるべきだったと思いますか。それとも，演説会の後に伝えるべきだったと思いますか。**

■たとえ大切な友達であっても受け止め方は多様で，伝えるタイミングや伝え方によっては，誤解も生じることについて目を向ける発問である。

ここでは「心の数直線」の天秤（てんびん）モードを活用して考えを可視化し，議論のきっかけにしたい。聞き逃しても判断できるように，どちらの色がどんな判断を示すのかをスライドで示したい。

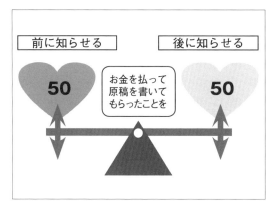

・事前に真実を知ってしまったら，A君は立候補を取りやめてしまっていたかもしれない。

・事前に真実を知ることで，B君はそこまでしてくれたんだ，とA君の力になったのではないか。

・事前に知らせると，A君の気持ちを乱してしまうかもしれないから，演説会が終わった後に話をするのがいいと思う。

**❹ 㵀 スピーチの価値は，当初よりも，つまり料金をとる専門家が書いたとわかる前よりも落ちるでしょうか。変わらないでしょうか。**

■スピーチの価値に変化はあるかどうかを考えることで，多様な価値観を深く考える発問である。

・がっかりした分，価値は下がると思う。

・真実を知らないままよりも，本当のことがわかってよかったと思う。

・初めは驚くかもしれないが，A君の応援のためにそこまでしたB君の思いに，さらに価値が増すのではないか。

ここでも，「落ちるか」「変わらないか」の判断以上に，そのように考える「理由」について深めたい。

**❺ 㵀 応援演説の原稿を有料で書いてもらうことについて，賛成，反対，さまざまな立場からいろいろな意見が出ました。これらの意見に何か共通点はありませんか。**

■友達を思いやる姿勢の大切さに気づかせる発問である。

・B君はA君のためを思って行動した。

・それが友達のためかどうかは相手の受け止め方もあるから，相手の立場に立って考えることが大切だ。

最後に「ともだち」を逆さにすると「たからもの」になるノムライッセイさんのアンビグラムを紹介し，友達の言動を一面的にとらえるのではなく，多様な視点から考えることの大切さについて話して授業を終えた。

https://www.facebook.com/watch/?v=1944233389130774

## 教材 「選挙の応援演説」 自作教材

　A君は生徒会役員選挙に立候補することにした。立候補には，応援者が必要であるが，A君は迷わず，親友のB君に応援者を頼んだところ「A君が立候補するなら」とB君はこころよく引き受けてくれた。投票の前に立会演説会があり，A君は自分が立候補した理由や，当選したらがんばりたいことを全校生に向けてスピーチした。応援者のB君も応援演説をしてくれたのだが，B君のスピーチにはA君の人柄がにじみ出た，心温まる感動的なスピーチで，立候補したA君は感激して涙がこぼれそうになった。

　選挙が終わり，A君は当選することができた。しばらくして，B君のスピーチ原稿には，ライターがいて，B君に聞き取りをした後に作文をしていた。原稿作成に苦戦するB君を見たB君の保護者が，大学生に依頼し，有料で書いてもらった原稿をB君が暗記して，立会演説会でスピーチしていたのだ。

## 活用例 「『心の数直線』（熊本市教育センター）を活用して，切り返し発問につなげよう！」

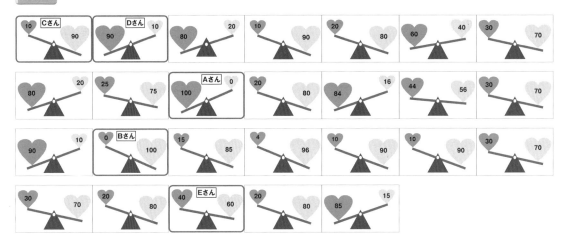

　ロイロノートに提出された，生徒の「心の数直線」です。実際には提出した生徒の指名が表示されています。お互いの考えが可視化されることで，「なぜそのように判断したのか」友達に聴きたくなり，議論のきっかけとなるだけでなく，教師側の意図的指名や切り返しにも有効です。AさんやBさんのように意見が明らかな生徒はもちろん，全体の前でそのように考えた理由を発表してもらいます。それだけではなく，たとえばCさんやDさんには，そのように考えた理由を発表してもらった後で，「『100－0』ではなく，10残した，その理由は何？」と問い返したり，Eさんには「『50－50』にしなかったのはどうして？」と問い返したりすることで，より深い考えを引き出すことができるでしょう。

（福島県　星　美由紀）

**自らの性格を変えることは努力次第で可能か**

# 20. 心の中の5人家族

| | |
|---|---|
| 感　動 | ★☆☆ |
| 驚　き | ★★☆ |
| 新たな知恵 | ★★☆ |
| 振り返り | ★★★ |

1年　2年　3年

web
3-20
授業用
パワーポイント

　中学生の時期は，自己理解が深まり，自分なりの在り方や生き方についての関心も高まってくる。一方で自分の姿を他者との比較においてとらえ，その至らなさに思い悩むことも多い。こうした時期にかけがえのない自己を肯定的にとらえさせたい。そして，自分自身の良さや個性を見いださせ，自分らしく生きていくことの大切さを伝えたいと願って授業を創りました。

### 教材 『心の中の5人家族 ～彼らが織りなす人生ドラマ』
芦原　睦：著　チーム医療

#### ■ 教材の概要 ■

　交流分析と呼ばれる心理療法の体系が紹介されている。その考え方の基本となるエゴグラム（CP：父性・NP：母性・A：大人性・FC：素直な子ども性・AC：順応する子ども性）について具体例をもとに理解し，質問紙法（紙に書かれた質問項目に対する回答を得ることにより，回答者の行動・意識・価値観などを測定する研究方法）によってチェックする心理テストが示されている。エゴグラムにもさまざまな種類があるが，自己成長エゴグラム（Self Grow-up Egogram：SGE）が取り上げられている。自分の生き方の特徴を見つけるきっかけになるものであり，自我に目覚めながら苦悩することがある中学生に知らせたい内容である。

#### ■ 授業構成 ■

| 協働的な学び | エゴグラムの結果について，班ごとに自分が感じたことの意見交流をする。 |
|---|---|

#### ■ 本時の授業を中心に見取った評価文の例 ■

　エゴグラムの検査を扱った道徳授業では，これまで気づかなかった自分自身のよさや個性を見いだして，自分を肯定的に見つめることの大切さを学びました。また，長所のマイナス面を出さない大切さにも気づきました。

協働的な学びの度合い ●●●●●●　　授業準備度 ●●●●●●

## ねらい

自己を見つめ，自己の向上を図るとともに，個性を伸ばして充実した生き方を追求する態度を育てる。　　A3［向上心，個性の伸長］

## 準備

・『心の中の5人家族 ～彼らが織りなす人生ドラマ』 提示用
・教材 「自己成長のエゴグラム質問表とグラフ」（92ページに掲載）生徒数分

## 授業の実際（2年で実施）

「自分の性格が好きですか」と言って，挙手を求めた。思春期だけに，そう思っていても手を挙げる生徒は少ないと予測していたが，数名が挙手した。

次に，「自分の性格は変えられると思いますか」と言って，同じように挙手を求めた。

「自分のことを考えて，自分を肯定的に考えてほしいと思って，今日はこの本から授業を創りました」と言って，『心の中の5人家族～彼らが織りなす人生ドラマ』のタイトルの「5」を隠して提示し，「人は誰でも自分の心の中にいくつかの自分をもっています」と言って，最初の問いをした。

### ■ （「心の中の□人家族」と板書し，）□の中に入る数字は何でしょう。

■教材への興味をもたせるきっかけとする発問である。

2人家族の答えが多く，3もあった。5を示すと，意外と多いなという反応であった。

エゴグラムについて説明する。前掲書のp.18の図2-2を示しながら，CP(批判的な親，頑固親父），NP（養護的な親，お世話好きおばちゃん），A（大人），FC（自由奔放な子ども），AC(順応した子ども，イイコぶりっこ)と板書した。このアルファベット記号がこの後の授業で多く出てくるので，意味がわからなくなるのを防ぐために，板書は残しておく。

「この5つを『心の中の5人家族』と呼んでいきます。人の心の中に住んでいますが，それぞれのエネルギーの強さが違い，その人の考えや発言・行動の違いに表れます」と説明した。

エゴグラムの内容を学びましょうと言って，前掲書p.18の「レストランでステーキを注文するが少し固くておいしくなかった」場合の反応を示した。同p.19の内容も補足した。

---

**概要**

CP…けしからん。
NP…さあ，食べましょう。
A …どこの部位のお肉かな。
FC…わーい，ステーキだ。
AC…固いと感じるのは噛む力が弱いからかな。

---

### ■ この5つにサザエさんの登場人物を当てはめましょう。

■アニメーションの登場人物をもとにエゴグラムの理解を求める発問である。

漫画アニメの「サザエさん」を例示して，サザエさん，波平さん，舟さん，マスオさん，カツオくん，ワカメちゃん，タラちゃんがどのエゴ（自我）が高いかを考えさせた。

CPに波平さんを，NPに舟さんを，Aにマスオさんを，FCにサザエさんとカツオくんを，ACにワカメちゃんを選んだ生徒が多かった。タラちゃんはAとACに分かれた。

### ■ 本校の先生方はどれに入るでしょうか。

■実際の人物をもとにエゴグラムの理解を求める発問である。また。他者の個性について興味をもたせる発問でもある。

CPには学校の中で生徒が厳しいと思っている先生の名前が出てくる。慕われている場合は盛り上がる。ACについてはイメージをつかむだけで，ACが高い先生については問わない。ACの特性上，名前があがりにくいことが理由である。

授業者がどのエゴが高いかを列指名で問うてみた。生徒の判断に「ありがとう」と返していった。

### **4** 主 あなた自身はどのエゴが高く、どのような分布になると思いますか。

■これまで気づかなかった自分自身の個性を見いだして、自分を肯定的に見つめる検査へとつなげる発問である。

「今からあなたの現状についてのテスト（エゴグラム）をします」と言って、「自己成長のエゴグラム質問表とグラフ」を配付する。

各質問に「はい：○」「どちらでもない：△」「いいえ：×」で答え、できるだけ△は使わずに○か×になるように答えるよう指示をした。指導者が質問をテンポよく読み上げて、直感で答えさせるようにした。すべて答えた後、各項目の○を2点、△を1点、×を0点として、合計点を記入し、折れ線グラフをつくらせた。

### **5** 対 深 エゴグラムの結果を見て、どんなことに気づきましたか。

■自他の個性を理解し、また、他者が何を感じているかを考えさせる発問である。

4人班をつくり、「自分で気づいたことをグループ内で交流しましょう」と指示をした。似ている同士で盛り上がったり、「やっぱりそうだよね」と言い合ったり、「意外だね」と驚かれたりして、盛り上がった活動を展開していた。

交流が終わった後で、いちばん高かったエゴについて挙手させる。最初に板書したところに人数を記入しておく。

「ただし、エゴについては何がよくて、何が悪いということはないんだよ。よいとも言えるし、悪いとも言える、そういうものです」と補足をし、そのことを、前掲書p.26～30（5．あなたの「心の中の5人家族」で「強い」のは誰？）で説明した。たとえば、CPだったら、いい意味では「善悪をわきまえる」となり、悪い意味では「厳しすぎる」というようにである。

### **6** 主 あなたがなりたい自分像、高めたいエゴは何ですか。

■自分らしさも大切にしながら、なりたい自分への意欲を喚起する発問である。

プリントに記入する。そして、その理由をグループで交流させた。

自分の不足しているところをあげる生徒が多いなか、高いところをさらに高めたいという説明をしている生徒がいたので、活動をいったん止めて発表させた。そう考えてもいいんだと気づいた生徒は、もう一度自分の考えを振り返っていた。

「なりたい自分になるための処方箋を紹介します」と言って、前掲書p.60～65（8．エゴグラムの形を変える「行動」と「言葉」の処方箋）の内容を読み上げて授業を終えた。

### ●生徒の感想

・高いエゴはマイナス面が出ないように意識し、高めたいエゴはエゴの高め方や高める言葉を参考にしたい。

・私はCPが高いかなと思っていたけれど、検査ではNPが高いと知り、驚きました。NPのなかに「おせっかい」や「よく『大丈夫？』と言う」という項目があった。思い返すと、友達に「君の口ぐせ『大丈夫？』だね」と言われたり、弟にたまに「おせっかい」と言われていました。

・結果はけっこう合っていると思う。ACがいちばん高くて、いろいろなことで、主体的に取り組まずに、他人に任せているから。FCは低かったから、もっと感情を表に出して過ごせたらいいと思った。

**教材** 「自己成長のエゴグラム質問表とグラフ」『心の中の5人家族 〜彼らが織りなす人生ドラマ』

芦原 睦：著　チーム医療　p.22〜24より　　　　　　　　　　　　　　　※授業者によりレイアウト改変

　　著者は，芦原内科・心療内科（中部心身医療研究所）代表，日本交流分析学会理事長。著書多数，『自分がわかる心理テスト』（講談社ブルーバックス），『あなたのストレスを減らす（わかりやすいTA）』（フジメディカル出版）がわかりやすい。

**第1群　＜CP：批判的な親，頑固親父＞**
1　間違ったことに対して間違いだと言います
2　時間を守らないことは嫌です
3　規則やルールを守ります
4　人や自分をとがめます
5　「〜すべきである」「〜ねばならない」と思います
6　決めたことは最後まで守らないと気がすみません
7　借りたお金を期限までに返さないと気になります
8　約束を破ることはありません
9　不正なことには妥協しません
10　無責任な人を見ると許せません

**第2群　＜NP：養護的な親,お世話好きおばちゃん＞**
1　思いやりがあります
2　人を誉めるのが上手です
3　人の話をよく聞いてあげます
4　人の気持ちを考えます
5　ちょっとした贈り物でもしたいほうです
6　人の失敗には寛大です
7　世話焼きです
8　自分から温かく挨拶します
9　困っている人をみると何とかしてあげます
10　子どもや目下の人を可愛がります

**第3群　＜A：大人＞**
1　何でも何が中心問題か考え直します
2　物事を分析して事実に基づいて考えます
3　なぜ，そうなのか理由を検討します
4　情緒的というより理論的です
5　新聞の社会面などには関心があります
6　結果を予測して準備をします
7　物事を冷静に判断します
8　わからないときはわかるまで追求します
9　仕事や生活の予定を記録します
10　他の人ならどうするだろうかと客観視します

**第4群　＜FC：自由奔放な子ども＞**
1　してみたいことがいっぱいあります
2　気分転換が上手です
3　よく笑います
4　好奇心が強いほうです
5　物事を明るく考えます
6　ちゃめっ気があります
7　新しいことが好きです
8　将来の夢や楽しいことを空想するのが好きです
9　趣味が豊かです
10　すごい! わー! へえ! などの感嘆詞をよく使います

**第5群　＜AC：順応した子ども，イイコぶりっこ＞**
1　人の気持ちが気になって合わせてしまいます
2　人前に出るより後ろに引っ込んでいます
3　よく後悔します
4　相手の顔色をうかがいます
5　不愉快なことがあっても口に出さず抑えてしまいます
6　人によく思われようと振る舞います
7　協調性があります
8　遠慮がちです
9　周囲の人の意見に振り回されます
10　自分が悪くもないのにすぐに謝ります

**○（2点），△（1点），×（0点）で自己評価し，下のグラフに書き込もう。**

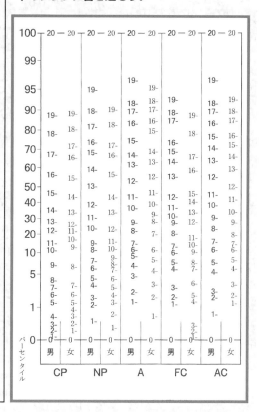

（兵庫県　伊東久雄）

| | |
|---|---|
| **1年** | |
| **2年** | |
| **3年** | |

多様な価値観を認め合う心

# 21. 自分を好きになる強さ

| 感 動 | ★★★ |
|---|---|
| 驚 き | ★☆☆ |
| 新たな知恵 | ★★☆ |
| 振り返り | ★★☆ |

**web**
3-21
授業用
パワーポイント

　中学生は，自分を客観的に見ることができるようになります。特に自分の容姿に関して，自信をなくしたり，ひいては絶望感を感じることさえあります。大人にとっては「大したことない」ような問題も大きな劣等感につながることがあります。それは，ときに無能感や不安につながります。振り返ると，自分自身もそうだったと回顧します。悩んでいる生徒たちに希望を与えることができる授業です。

**教材** 「『太って醜(みにく)い私』という呪(のろ)いから解き放たれて」
藤井美穂（女優・プラスサイズモデル）：著
『「死にたい」「消えたい」と思ったことがあるあなたへ』河出書房新社：編

### ■ 教材の概要 ■

　中高生のときは，自分の体型などからいじめに遭い不登校になった経験のある著者が，アメリカで「自分の体型を生かした」プラスサイズモデルとして活躍するまでの葛藤を描いている。自分の体型などから，自信をなくした生徒たちに勇気を与える教材である。

### ■ 授業構成 ■

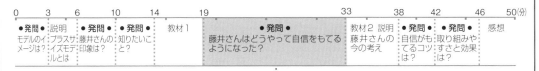

[協働的な学び] 3～4人の小グループ内で意見を交流し合う。

### ■ 本時の授業を中心に見取った評価文の例 ■

　プラスサイズモデルとして活躍する藤井美穂さんの考え方を知り，一面的な見方ではなく，自分の良さを再認識し，自分の可能性を信じて，高めていくことの大切さを深く学んでいました。

協働的な学びの度合い ●●●・・・　　授業準備度 ●●●●・・

## ねらい

藤井美穂さんの生き方を通して，コンプレックスを克服し，自分を好きになる生き方に努めていこうとする態度を育てる。

A3［向上心，個性の伸長］

## 準備

・藤井美穂さんの画像（藤井さんのインスタグラム，フェイスブックからダウンロード）提示用

インスタグラム（QRコード）　フェイスブック（QRコード）

・教材1・2　「『太って醜（みにく）い私』という呪（のろ）いから解き放たれて」（96ページに掲載）提示用

## 授業の実際（2年で実施）

自分の容姿などについて，自信を失いがちになる年頃の，2年生全員を対象に「学年道徳」の形で実施した。スライド資料を作成し，提示しながら授業を進めた。

### ■ファッションモデルという仕事をしている人たちに対してどんなイメージがありますか。

■先入観を確認し，教材への興味を高める発問である。

数名を指名し，発言させた。

「スタイルが良い」「ダイエットをしている」「センスが良い」「美しい」などの意見が発表された。「どうしてそういうイメージをもっているのかな」と投げかけると「ファッションショーのモデルがみんなそんな感じ」という声があがった。一般的なファッションモデルの人たちの外見についての発言が多かった。

「ダイエットをしているというイメージとは違う，体のサイズが大きいファッションモデルのことを知っていますか」と投げかけるが，誰も知らないようであった。

そこで，「プラスサイズモデル」と板書し，「プラスサイズモデルというのは，日本では聞いたことがない人も多いかもしれません。

アメリカやヨーロッパで人気が出ている新しいモデルのことで，LL～3Lサイズのモデルを指します。アメリカ女性の服の平均サイズはLL～3Lなので，自分の体形とは違う細いモデルよりも，プラスサイズモデルの方が身近に感じると，今や大人気になっているのです」（前掲書p.136）と，詳しく説明した。

人の外見について扱う展開をするので，まずプラスサイズモデルについて説明を丁寧にし，悪い意味での好奇心ばかりに気持ちがいかないよう配慮した。

「今日は日本人のプラスサイズモデル，藤井美穂さんの生き方に学びます」と説明し，藤井美穂さんの写真を提示した。次のような，ふくよかな感じが伝わるものを選ぶとよい。

©Miho Fujii

### ■藤井さんの写真について，プラスサイズ以外にどんな印象がありますか。

■教材への興味を高める発問である。

「センスが良い人のよう」「かっこいい」などの意見が発表された。

「小さい頃からずっとセンスが良いとか，かっこいいとか思っていたのでしょうか。今はどうなのでしょうか。知りたいですね」と言って，次の問いへ続けた。

### ■藤井さんについて，どんなことを知りたいですか。

■教材への興味を高める発問である。

「藤井さんはどうしてプラスサイズモデルになろうと思ったか」「どうやってなれたのか」「なってよかったと思うか」という3つがあがった。

「それではそのようなことがわかるかもしれませんので，初めに藤井さんの生い立ちについての教材を読みましょう」と言って，教材１をスライドで提示した。

生徒たちは，提示された藤井美穂さんの文章を食い入るように見つめていた。教材のなかで，残念なことにいじめが起きていたことが記述されているので，「いじめは許されないことです」と押さえた。次の発問を行った。

**4** 🈡藤井さんは，中学校高校の頃は自分にまったく自信がもてない生徒でしたが，どうやって自信がもてるようになったのでしょうか。
■ねらいに迫る内容を教材から見いださせる発問である。

まずは，一人でじっくり考えさせた。生徒たちは，静かに真剣に考えていた。

しかし，なかなか自分の考えがまとまらない生徒もいたので，「自分だったら，どんなきっかけがあったら，自信がもてるかな」などと助言をした。

その後，3〜4人の小グループ内で意見を交流させた。交流後，各グループから意見を発表させた。大まかにまとめると次の5つになった。

・誰かにほめてもらった。…①
・得意なことが見つかった。…②
・生活する場所を変えてみた。…③
・新しい人間関係をつくった。…④
・開き直ってみた。…⑤

これらを板書しながら，「①から⑤を分類するとどうなるかな」と投げかけた。自分自身に関することと，他者と関係することで分けたらどうなるか選ばせると，前者に②と⑤，後者に①と④が選ばれた。③は意見が分かれたので真ん中とした。

ここで教材２をスライドで提示して範読した。新しい環境に身を置いたこと，部活動で自信をつけたこと，それでも外見に対する劣等感が拭えなかったが，演劇との出会いで人生が変わったことなどがつづられている。

続けて，藤井さんの言葉，前掲書p.141の「ロサンゼルスには，〜」から，p.143 の「〜と余計なナレーションを付け足していくのです」までを提示していった。ありのままの自分を前向きにとらえる思考を得たことや，人間にはその逆の感情があることがつづられている。

**5** 🈡藤井さんの経験から，自信がもてるようになるコツは何だと思いましたか。
■教材の主人公の生き方を自分事にするための発問である。

数名を指名し，発言させた。それぞれに番号を振りながら板書した。

・広い視野をもつこと。…①
・一つの考えや常識に縛られないこと。…②
・自分の良さを見直すこと。…③
・生活する場所を変えること。…④
・人間関係にとらわれないこと。…⑤

「自信をもつ方法は，さまざまあるし，どれが正解ということもないよね」と補足した。

**6** 🈡**5**で出された①〜⑤は，自分にとって取り組みやすいものですか。また，効果は大きいでしょうか。
■前の問いをさらに自分に落とし込み，深める発問である。

横軸に取り組みやすさ，縦軸に効果の大きさで4分割し，自分にとって①から⑤がどうか考えさせた。個人の思いもあるだろうから共有はさせなかった。机間指導のなかで全体的な傾向として「取り組みやすいものは少ないね」「②を選ぶ人が多いかな」「効果が大きいものとして④，⑤を選ぶ人が多いね」などと話した。「選び終えたら，どうやったら取り組みやすくなるか，効果が出るようになるか考えてみよう」と指示をした。

最後に「藤井さんの生き方から学んだことはどんなことですか」と問いかけ，ワークシートに授業の感想を書かせて授業を終えた。「私もたまに一つの場所に縛られてしまうことがあるので，そのときは，藤井美穂さんのように広い世界を見渡し，自分自身の自由を考えられるようにしたい」「私も藤井さんのように好きなことを追求し続けられるようにしたい」などの感想があった。

**教材1 「『太って醜い私』という呪いから解き放たれて」** 前掲書 p.137〜139より

　小学生のころは自分のことが大好きでした。運動も得意で，友達にも恵まれ，誰とでも話せる活発な子でした。

　しかし，私立中学に進学するといじめに遭います。そこから21歳になるまで，自分のことがずっと嫌いなまま過ごしました。

　そして，中学生になると，それまでずっと成長しつづけていた身長の伸びが止まりました。加えて，いじめられてひきこもりがちな生活を送っていたことで体重が増加し，家族や親せきにさえ，「太った」と言われるようになりました。そのときから「自分は太っていて醜いんだ」と思い込むようになりました。そして，この「自分は太っていて醜い」という呪いに長い間苦しむことになりました。

　学校も休みがちでそのせいで勉強もできなかったため，いじめられても先生は味方してくれません。誰も友達がおらず，話す人さえもおらず，小学生のときの誰とでも話せる社交的な「美穂ちゃん」はどこかに消えてしまったようでした。

　このころ私は「今この時点でつまずいているのだから，この先の人生もずっと失敗したままなんだろうな。クラスメイトに嫌われて学校さえ行けない私に，明るい将来なんて待っているわけがない」と毎日考えていました。

　そのころからすでに役者になりたいと思ってはいました。高校を卒業したら東京に行って，大学で演劇を学びたい，そして将来は役者として生きていきたい，と考えていました。その夢が，そのころの私を生かしてくれていました。

　でも，学校というシステムに馴染めない私には，社会に出て演劇をやるのなんて無理なんじゃないか，そんな私は生きてる価値なんてないんじゃないか，と感じていました。

　大人になった今振り返ってみると，すごく極端な考えだなあと思います。でも，当時の私は真剣にそう考えていました。特に13歳〜15歳のころの私にとっては，学校という閉鎖的な環境が世界のすべてでした。学校は，大人が生きている社会の縮図で，ここに馴染めなければ，この先の人生でも，どこにも馴染むことができずに死んでいくんだろうな，と絶望していました。人生でこの時ほど，「死にたい」「消えたい」と思ったことはありません。

　「今すぐ大人になって，演劇の仕事ができたらどんなに幸せだろう」と考えていました。だけど，現実にはつらい学校での生活をスキップすることなんてできません。大人になるまでのプロセスが途方もなく長く感じました。たぶん，大人になる前に私は死んでしまうだろう，そんな風にも思っていました。

**教材2** 前掲書 p.140〜141より

　その後，中高一貫の学校を退学し，公立の高校に入学し直しました。ここで私はなぎなた部に入部します。部活動に打ち込むようになり，やがてインターハイや国体にも出場するようになりました。そのおかげもあって，絶対に無理だと思っていた演劇を学べる東京の大学にも進学することができました。

　大学ではずっとやりたかった演劇に真剣に取り組むことができました。「自分の行動次第で未来は変えていけるんだ」という実感のおかげで，徐々に本来の明るい「美穂ちゃん」を取り戻していきました。

　それでもまだ，「自分は太っていて醜いんだ」という呪いは解けていませんでした。自分の外見に対する評価のせいで，演劇に打ち込めないこともありました。「見た目でもジャッジされるのが俳優の仕事なんだ。太っていてきれいじゃない私は俳優には相応しくないんだ」と思ってしまうことも多々ありました。

　そんな呪いが解けるひとつのきっかけは，ある演出家の方に出会ったことです。彼は私の見た目だけではなく，魂そのものを見て演出をしてくれたように感じました。その彼が海外で活躍していることを知り，自分も渡米することを決意したのです。

　アメリカは，いい意味でも悪い意味でも日本とは真逆です。私が日本で「常識だ」と思っていたことはすぐに覆されました。

（東京都　合田淳郎）

# 第4章

# 人と人との絆を大切にする社会をデザインする

　所得の格差，家庭の格差，幸福度の格差……。国内も世界も分断されている世界が広がっている。人と人が助け合える安心な社会でなければ，人は自分を守るために，道徳性を失ってしまう。社会のなかで優位に立とうとやっきになり，「フォロアー数・『いいね』の数」にこだわる風潮になるのも無理はない。しかし，そのような世界をわれわれは本当に望んでいるのだろうか。農耕民族であり，ムラ社会に育ってきたわれわれ日本人は，本来助け合い，支え合いながら生きていくことが得意なはずである。他者への干渉が過度にならないように留意しながら，人と人がお互いを大切に思う社会をつくろうとする人を育てたい。

　前章の「優しさ・思いやり」を基盤とし，それを「社会」のデザインに生かし，人と人の絆を大切にする社会を求める若者に育てたい。おのずから，そのような道徳科授業は，内容項目Cの領域が主な場となる。集団のなかで人間関係を築いていく力を多面的に強化し，温かい豊かな社会づくりをめざすような心を育てたい。

# 人と人との絆を大切にする社会を
# デザインする

　相手の尊厳を守り，バスが来ないバス停という「優しい嘘」に包まれた社会について考える**「バスの来ないバス停」**。

　自殺者が少ない地域の特徴から，自他の権利を大切にした社会について考える**「追い詰めない社会とは」**。

　漫画からいじめについて考える**「みんなで音を」**は，いじめを考える直球勝負の道徳授業である。

　卒業式の答辞などを使い，学級の中のつながりや連帯について，その意義を徹底的に考える**「『仲間』がいるから」**。

　ソロキャンプの話題と漫画から，集団生活の是非について，またその意義について考える**「ひとりで？　みんなで？」**。

　生徒作文から，国や文化の違いを乗り越えることを考える**「地球人でええやんか」**。

　未来コンビニの取り組みなどから，郷土への思いに触れ，よりよい郷土づくりについて考える**「奇跡のまちをつくる」**。

　これら７つの授業で，「分断社会」に対する抵抗を実現させる優しい心を育てる。

ついた方がいい優しい嘘(うそ)がある

# 22. バスの来ないバス停

**web**
4-22
授業用
パワーポイント

　たまたま新聞で見たACジャパンの広告学生賞は，私が住んでいる山形県の大学生の作品でした。親近感をもってその広告を読むと，その「優しい嘘」に胸がジーンとしました。認知症に悩み苦しむ人に，尊厳の気持ちで向き合いながら，その方々の幸せも考えた「バスの来ないバス停」。相手のことを理解するとはどういうことかを考えさせたいと思い，創った授業です。

**教材**

## 「バスの来ないバス停」
### 第18回ACジャパン広告学生賞
### 新聞広告部門グランプリ受賞作

### ■ 教材の概要 ■

　ドイツの認知症介護施設で徘徊(はいかい)老人対策として考えられた「バスの来ないバス停」を，命と尊厳を守る優しい嘘として考えを広めようとする，実話をもとにした新聞広告である。中学生にとっての嘘は悪いイメージが強いが，時と場合によって，ついた方がいい嘘もある。よりよい人間関係を築いていくには，相手の尊厳を大事に考えることは，どんな場合でも必要。このことを知らせるのに有効な教材である。

### ■ 授業構成 ■

| 0 | 3 | | 8 | 12 | | 15 | | 19 | 22 | | 26 | 29 | | 38 | | 47 | 50(分) |
|---|---|---|---|---|---|---|---|---|---|---|---|---|---|---|---|---|

● 発問 ●
嘘をついた気持ち？ ｜ 教材1 ｜ ● 発問 ●
どんな使い方 ｜ 教材2 ｜ ● 発問 ●
どう使う？ ｜ 教材3 ｜ ● 発問 ●
ついている嘘・悪い嘘？ ｜ 説明 ｜ ● 発問 ●
優しい嘘？ ｜ ● 発問 ●
誰が幸せに？ ｜ ● 発問 ●
似た経験？

| **協働的な学び** | グループでの意見交換を活用。 |
|---|---|

### ■ 本時の授業を中心に見取った評価文の例 ■

　背後にある「人の思い」によく気がついていました。授業「バスの来ないバス停」では，広告制作者の優しい嘘への思いに感銘を受けていました。

協働的な学びの度合い ●●● ● ● ●　　授業準備度 ●● ● ● ● ●

## ねらい

「バスの来ないバス停」の優しい嘘のエピソードを通して，いろいろな立場の方を理解し，尊厳を守ることの美しさを感じ，よりよい社会を築いていこうとする態度を育てる。

C12 [社会参画，公共の精神]

## 準備

・教材１　広告「バスの来ないバス停」（102ページに掲載）掲示用
・愛知県豊橋市とドイツ・デュッセルドルフの「バスの来ないバス停」の写真（ネットで検索・ダウンロード）
・教材２, ３　広告の説明文（102ページに掲載）掲示用

## 授業の実際（3年で実施）

「嘘」と板書し，「嘘をついたことがある人はいますか」と投げかけると全員が挙手した。

### ■嘘をついたとき，どんな気持ちになりましたか。

■負の記憶として残っている場合が多いことを確認する発問である。

挙手した生徒の２人が発表した。

・ばれないかとドキドキした。

・相手に対して悪いという気持ちがした。

それぞれに賛同する人に挙手させると，どちらともほぼ全員挙手があった。

「それでは，2022年のACジャパン広告学生賞，新聞広告部門でグランプリをとった作品を見てください」と言って，教材１を提示した。コピー「バスの来ないバス停」とイラストだけを提示し，下部の説明文章は隠しておく。いくら待ってもバスは来ない，偽りのバス停であることを確認する。生徒は「どういう意味だろう」と，不思議な表情をした。

「実際にバスの来ないバス停があります。愛知県豊橋市とドイツにある『バスの来ないバス停』の写真を見てください」と説明した。

豊橋市にある「バスの来ないバス停」。認知症の方やその家族が集う「アンキカフェ」の敷地の一角にある。

### ■このバス停はどのような使い方をしていると思いますか。

■教材のもつ「優しい嘘」に興味をもたせながら，気づかせていく発問である。

４人班をつくり，短い時間だが相談させると，予想が３つ出た。発表させた。

・バスが廃止になった後，村人のたまり場として使っている。

・座れるベンチに，適当に名前をつけた。

・映画のセットか何かで残している。

「面白いアイデアが出ましたね。実はこのように使われています」と言って，教材２を提示した。生徒はここで認知症の方の徘徊を防ぐために使われていることを知る。

続けて，次の発問をした。

### ■その職員は「バスの来ないバス停」をどのように使って徘徊してしまう老人の方を助けようとしたと思いますか。

■教材のもつ「優しい嘘」に印象的に出合わせるための発問である。

ペアトークをさせた後，挙手した２人の生徒に発表させた。

・一応，そこに座らせようと考えた。

・バスに興味をもたせて，そこで時間を稼ごうと考えた。

「つまり嘘をつくのですね」と言うと，「ついていい嘘といけない嘘がある」という言葉が出た。

「職員さんは次のようにしているそうです」と言って，教材３を提示した。

**4 この職員さんのつく嘘は，ついていい嘘と思いますか，ついてはいけない嘘と思いますか。**

■嘘の許容範囲を広げる発問である。

挙手させると，全員が「ついていい嘘」に手を挙げた。ペアトークでその理由を確認させた。

「少しは，『ついてはいけない』と思った人はいませんか」と聞くと，一人が手を挙げて，「命を守るためだから仕方がないけれど，家に帰りたいという気持ちを利用するのは少し気が引ける」と発言した。「それでも，命を守るなら，ついてよい嘘だと思ったんだね」と確認し，「少し気が引ける」という言葉を板書した。

「今発表があったことがまさにこの広告文の最後に示されていました。認知症の方が利用する介護施設が，利用者を大事にしたい，という思いから考えだされ，つくられたものだと思います」と言って，広告文の最後にある次の文を提示した。

> 認知症の方々の命と尊厳を守る「優しい嘘」について考えてみませんか？
> 教材1より

このなかの「命」「尊厳」「優しい嘘」のところは最初隠しておき，どんな言葉が入るか考えさせながら提示していった。

**5 対「優しい嘘」とはどんな嘘のことだろうか。**

■「優しい嘘」の本質をズバリ問う，直球の発問である。

個人で考える時間を3分とった後，4人班をつくり，どのような意見が出たかを交流させた。そして各班から2つの意見をA4判のカード2枚（後ろにマグネットをつけている）に1つずつポイントを書かせ，班長を黒板の前に集めて黒板に貼らせた。そして，同じ意見のカードの位置をくっつけさせていった。すると大まかには次の考えにまとまった。

・嘘をつかれた人のことを考えたり，配慮したり，思いやったりしてつかれた嘘
・嘘をつかれた人が幸せになる嘘
・嘘をつかれた人が損をすることがない嘘
・嘘をつかれた人から，後で嘘だとわかったとしても，感謝されるような嘘
・嘘をつかれた人が，実は本当のことを言ってほしくないと願っていたような嘘

それぞれ，生徒からの質問を受けながら，どのような意味かを補足させた。

**6 深 このバス停があることで，誰が幸せになっているのだろうか。理由も考えましょう。**

■介護を受ける方もする方も幸せになることに気づかせ，その根本に，相手のことを理解すること，相手を尊重する気持ちがあることに気づかせる発問である。

個人でなるべくたくさん考えさせ，全員起立させて順に発表させた。同じ意見がなくなったら着席させる。バス停のイラストの周りに書き加えさせていくマッピングの手法で板書していった。

・徘徊する人
・施設の人
・徘徊する人の家族
・福祉の仕事をしている人
・認知症のことで苦しんでいる人
・認知症の方に温かい社会をつくろうとしている人
・このお話をした人は全員

**7 主 あなたは「優しい嘘」をついた経験はありますか。**

■自分のことを振り返らせる発問である。

各自で振り返る時間をとり，ワークシートに書かせて授業を終えた。

・祖母と一緒に散歩するとき，本当はもっと速く歩きたいけれど祖母のペースで歩いている。「先に行っていいよ」と言われたとき，「いや，ゆっくりと一緒の方がいい」ととっさに嘘の気持ちを言った。
・部活で監督から「疲れたか」と言われて「まだまだ」と言ったが，本当はふらふらだった。でも部活のムードを壊したくなかったから優しい嘘だったと思う。

**教材** 教材1 「バスの来ないバス停」 第18回ACジャパン広告学生賞 新聞広告部門グランプリ受賞作品

### 教材2 　前掲広告の文章部分の1行目〜13行目

　ドイツのとある認知症の介護施設では徘徊老人の対策で頭を痛めていました。ある日，職員の一人が「徘徊してしまう老人のほとんどはバスや電車などの公共交通機関を利用したがる人が多い」という傾向があることに気づきました。そこで職員は施設の前に「バスの来ないバス停」を設置しました。

### 教材3 　前掲広告の文章部分の13行目〜26行目

　「家に帰りたい」という老人に対し，「そこにバス停があるので，バスが来るまで待たれてはどうですか？」とバス停に案内し，五分くらいした後に「バスが遅れているようですから，中でコーヒーでもどうですか？」と言うと老人は素直に施設に戻るそうです。日本でも「バスの来ないバス停」を設置している施設があります。

（山形県　佐藤朋子）

| 1年 |
| 2年 |
| 3年 |

**集団生活を見直す**

# 23. 追い詰めない社会とは

| 感　動 | ★★☆ |
| 驚　き | ★★☆ |
| 新たな知恵 | ★★★ |
| 振り返り | ★☆☆ |

**web**
4-23
授業用
パワーポイント

　日本は若年層の自殺率が世界でも多い方であり，目の前の子どもたちにとっても決して無縁とはいえません。「自殺"最"稀少地域」である徳島県旧・海部町（現・海部郡海陽町）の研究をもとに，生きやすい集団の在り方について考えてほしいと思い，この授業を創りました。他者に対して負担を感じることなく，可能な範囲で助け合えるような社会の担い手に育つことを願っています。

 **教材**

## 『生き心地の良い町 この自殺率の低さには理由がある』
岡　檀：著　講談社

### ■ 教材の概要 ■

　日本の自殺最稀少地域である徳島県旧・海部町。岡檀さんの研究からわかった自殺予防因子は「いろんな人がいてもよい，いろんな人がいたほうがよい」「周囲に流されずに意思決定する人が多い」「ゆるやかにつながる」など斬新なものばかりだった。これらの自殺予防因子について，国語の授業で学ぶ三角ロジックを生かし，なぜこれらの要因が自殺予防につながるのかを考えることで，自身と集団との関わりを見直すことができる教材である。

### ■ 授業構成 ■

| 協働的な学び | 三角ロジックで思考を整理して交流する。 |

### ■ 本時の授業を中心に見取った評価文の例 ■

　追い詰めない社会について考える授業では，授業で提示された内容についてよく吟味し，自分なりの考えをもつことができました。さらに仲間との交流を通して，より広いものの見方に気づくことができていました。

## ねらい

過度の責任や負担を感じることなく，自他の権利を大切にし，可能な範囲で助け合えるような社会を築いていこうとする態度を育てる。

C10［遵法精神，公徳心］

## 準備

・町内会の様子の画像（なくても可）
・徳島県海部郡海陽町（旧・海部町を含む）のプロモーションビデオ（YouTubeなどで視聴可能）
https://www.youtube.com/watch?v=8D8bSGP0pKw
・教材1，教材2『生き心地の良い町　この自殺率の低さには理由がある』から要約

## 授業の実際（2年で実施）

町内会で会議をしている画像を提示し，これは何をしているところか考えさせたところ，「町内会の集まり」という声が上がった。

### ■ 町内会の活動にはどんなものがあるか知っていますか。

■子どもの町内会についての理解度を確認する発問である。

コロナの影響もあり，近年はなかなか活動ができていない町内会が多いせいか，町内会について，よくわかっていない子どもが多かった。保護者が町内会の役員をしている子どももいて，その子どもを中心に指名すると，以下のような意見が出された。

・町内のお祭り
・ごみ拾い
・ごみステーション（北海道では，(管理されている) ごみ捨て場の意）の管理
・花植え

あがった意見をもとに，町内会の役割とは「一人でやるより近所の人同士でやった方がよいもの・ことをみんなでやる組織」であることを確認した。

### 2 自分が将来住むまちは，どんな町内会が理想でしょうか。

■子どもと町内会が無関係ではないことを感じさせ，教材との距離を近づけるための発問である。

一つ前の発問と「近所の人同士でやった方がよいこと」というポイントをもとに，数名に聞いていった。

・楽しいイベントがある。
・みんなで使う場所の管理を分担している。
・地域に住む高齢者の家の除雪。
・大変じゃない。

多くの子どもが，活発に活動することを前提とした意見を出すなか，数名が「あまり活発なのは，大変そう……」と難色を示す様子が印象的であった。

### 3  あなたは将来，次の映像のようなまちに住みたいと思いますか。

■徳島県旧・海部町のイメージをもつための発問である。

徳島県海部郡海陽町のプロモーションビデオを視聴した後，教材1を提示し，旧・海部町について紹介した。

住みたい
・町内会への加入や参加が強制的でない感じがいい。
・人間関係が強すぎないのがいい。

住みたくない
・田舎で不便そう。
・つながりが弱いから，寂しそう。
・あまり協力できなさそう。

自然環境や便利さをあげた子どももいたが，ここまで町内会にスポットを当てて，授業を進めていたので，地域の住民との関係性に注目し発言をした子どもが多かった。

改めて教材1を振り返りながら，旧・海部町の特徴を以下の3点に整理した。

> **まちの3つの特徴**
> ①周囲に流されず，意思決定する人が多い。
> ②人間関係がゆるい。
> ③人間関係が固定化されていない。

**4 実はこのまちはあることが日本一少ないまちです。それは何でしょうか。**
■本時のテーマに注目させるための発問である。

> ［　　　　　　］が少ないまち
> ※離島を除くと日本一

　各自の旧・海部町のイメージをもとに，さまざまな予想が出された。その後，|自殺|が少ないまちであることを告げると，やはり言葉のもつ強烈な力に押され，少し戸惑うような雰囲気が見られた。

**5 対 深 なぜこのまちには自殺が少ないのでしょうか。三角ロジックを使って自分なりに説明してみましょう。**
■居心地のよい集団についての考えを深めるための発問である。

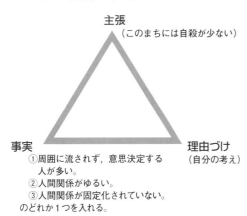

主張
（このまちには自殺が少ない）

事実
①周囲に流されず，意思決定する
　人が多い。
②人間関係がゆるい。
③人間関係が固定化されていない。
のどれか1つを入れる。

理由づけ
（自分の考え）

　上図のような三角ロジックについて，国語の授業で扱っていたので，この図を使って，自分の考えで，旧・海部町の自殺が少ない理由を考えさせた。国語の時間の復習を兼ねて，簡単な例示を行った後（未習の場合でも例示をすれば十分活用可能），「主張」を「このまちは自殺が少ない」とし，「事実」の項目には前記の3つの特徴のうちのどれか1つを入れ，「理由づけ」の欄に自分の考えを入れることとした。
　その後，同じ番号を選んだ者同士と交流させ，自分の意見に自信をもたせた後，全体交流をした。

①周囲に流されず意思決定する人が多い。
　・自分自身も，自分の考えで行動できるから，ストレスが少ない。
　・周りに合わせて，我慢しなくていい。
②人間関係がゆるい。
　・トラブルが少ない。
　・嫌われることを心配しなくていい。
③人間関係が固定化されていない。
　・1つのグループとうまくいかなくても，別のところにいける。
　・仲が良くてかえって相談できないことを相談できる。

　最後に，教材2を提示し，この調査を行った岡檀さんの紹介と岡さんの分析について，紹介した。

**6 主 あなたが将来住むまち。周りの人とどんなふうに関わっていけるとよいと思いますか。**
■本時の学びを振り返り，自分の生活とつなげるための発問である。

　個人で自分の考えをまとめた後，4人グループで交流させた後，「もし交流してつけたしたいことができたら，つけたしてもいいよ」と言い，再度考えをまとめさせた。
　「適度な距離感を大事にしたい」「ちょっと話すくらいの関係も大事にしたい」など，授業内容を生かしてまとめる生徒もいれば，「自分はやっぱり仲良くいろんなイベントをするようなまちがいいけれど，そうではない人もいることを意識したい」など，自分とは考えが異なる人がいることに気づく生徒もいた。

教材1 『生き心地の良い町 ― この自殺率の低さには理由がある』

### ①募金について

　隣接する他の町村では，赤い羽根の募金箱を回すだけで住民たちがおとなしく，みんながほぼ同額の募金を入れて次へと送ってくれる。しかし海部町では，そうすんなりとはいかない。まず，「だいたいが赤い羽根て，どこへ行て何に使われとんじぇ」と問い詰められて，担当者はたじたじとなる。他町ではついぞ聞かれないやり取りであると言う。

　すでに多くの人が募金をしましたよと言ってみたところで，「あん人らはあん人。いくらでも好きに募金すりゃええが。わしは嫌や」とはねつけられる。　　　　p.40

### ②老人クラブについて

　役場の担当者は，高齢に達した人や仕事から引退した人，配偶者と死別して独居になった人などに声かけをして加入を勧めるが，海部町においては，赤い羽根募金のときと同じ反応が返ってくる。隣人たちと連れだって入会したり，誰かに義理立てして入会したりという発想はまったくない。他の人が入ろうが入るまいがどうでもよい。自分が入りたいと思えば入る。ただそれだけなのである。赤い羽根募金と同様に，海部町の老人クラブ加入率は周辺地域の中でもっとも低い。　　　p.41

### ③相互扶助組織「朋輩組」について

　江戸時代から続く組織でありながら会則と呼べるものはなきに等しく，入退会にまつわる定めも設けていない。　　　　p.43

　自分は入りたくないと言って拒む住民もいるが，そのことでなんら不利益を被ることがないというのが注目すべき点である。このことは，他の類似組織との最大の相違点でもある。　　　　p.44

### ④住民の意識調査「隣人とのつきあい方」について　※授業者により一部改変

| | 日常的に生活面で協力 | 立ち話程度のつきあい | あいさつ程度の最小限のつきあい | つきあいはまったくしていない |
|---|---|---|---|---|
| 旧・海部町（自殺希少地域） | 16.5 | 49.9 | 31.3 | 2.4 |
| A町（自殺多発地域） | 44.0 | 37.4 | 15.9 | 2.6 |

値は%　P＜0.001

　隣人間でのコミュニケーションが切れているわけではないが，かなりあっさりとしたつきあいを行っている様子が見えてくる。　　　　p.84

### 教材2　※出典は教材1と同じ

　海部町では，周囲の人と違った行動をとったからといって，犯罪行為でもない限り排除されることはないのだから，多種多様な価値観が混在している。（中略）結果として，異質な環境に放りこまれたときにも使える，弾力性と順応性が備わっていくのではないだろうか。　　　　p.99

　人間関係が膠着していないという環境も，人々の気持ちを楽にする。自分の暮らすコミュニティ内でもしもひとつの人間関係がこわれたとしても，別の関係が変わらず生きているという確信があれば，その者の気持ちはどれだけ軽くなることか。　　p.123

（北海道　髙橋和寛）

| 感　動 | ★★★ |
|---|---|
| 驚　き | ★☆☆ |
| 新たな知恵 | ★☆☆ |
| 振り返り | ★★★ |

1年
2年
3年

私の判断，本当に正しい？

# 24. みんなで音を

web
4-24
授業用
パワーポイント

　生徒は小学校の頃から「いじめ」に関する教材を通して，多様な道徳授業を経験してきています。ともすると「またか」となりがちです。いじめの教材というと重苦しい印象がありますが，実話をもとにしたこの教材は爽やかな読後感があります。しかし，いじめを美談で終わらせず，その原因は自分にはないのか，自分自身の行動を問い直し続ける大切さに気づくことができる教材です。

## 「みんなで音を」

**教 材**　『いじめ 心の中がのぞけたら 漫画 明日がくる 3』
本山理咲：著　朝日学生新聞社
p.276〜281をもとに授業者が作成

### ■ 教材の概要 ■

　演奏が上手な下級生への嫉妬心にとらわれ，集団での無視に走る一方で，自分や部員の不正に気づき，問題を解決した話である。3年生が引退し，2年生主体の学校活動が盛んになる時期に，自己中心的な考えで事実をゆがめてとらえてはいないか，生徒が自身を問い直すきっかけとなる教材である。

### ■ 授業構成 ■

| 0 | 7 | 12 | | 27 | | 42 | 46 | 50(分) |
|---|---|---|---|---|---|---|---|---|
| ●発問●<br>公平なのはどちら？ | | 教材 | ●発問●<br>変化の理由は？ | | ●発問●<br>集団の違いは？ | ●発問●<br>自分のものさしで測るのはどこ？ | ●発問●<br>自己の振り返り | |

**協働的な学び**　心の数直線を活用して，互いの考えを可視化することで話し合いのきっかけを生み，トリオ学習によって一人一人の生徒がお互いの考えを交流する時と場を保証する。

### ■ 本時の授業を中心に見取った評価文の例 ■

　友人との話し合いを通して，公平な行動をとるには，常に自分の価値観を客観的に見つめ続けていくことが大切であるとの考えを深めていました。

協働的な学びの度合い ●●●◉◉　　授業準備度 ●●●◉◉

## ねらい

偏見にとらわれた行動をする状態とそうでない状態を比較して考えることを通して，自己中心的になりがちな自分の価値観を問い続けようとする道徳的心情を高める。

C11［公正，公平，社会正義］

## 準備

・「みんなで音を」（110ページに掲載）生徒数分
・デジタル教材「心の数直線」（熊本市教育センター）をタブレット端末でアクセス，スライドで提示

## 授業の実際（2年で実施）

導入の短い時間で，友人の多様な考えに触れることができるように，発問■を事前に予告し，授業前に考えておくように指示する。

**■対部活動に，2年生よりも上手な1年生が入部してきました。大会に出るべきなのは，ずっと練習してきた2年生ですか。上手な1年生ですか。公平なのはどちらだと思いますか。そう考える理由も教えてください。**
■教材を自分事として考えることができるようにし，ねらう内容項目への興味を高める発問である。

熊本市教育センターが公開しているデジタル教材「心の数直線」の天秤モードを活用する。

---
大会に出場するべきなのは

| 2年生より上手な1年生 | 公平なのはどっち？ | ずっと練習してきた2年生 |
|---|---|---|
| 50 | | 50 |
| （ピンク） | | （水色） |

---

ピンク，水色のどちらの意見がどちらを意味するのか，生徒が迷わないように拡大提示し，自分の考えを端末で提出➡授業者が全体に共有➡意図的指名へとつなげていきたい。互いの考えを可視化することで話し合いのきっかけをつくり，席の近い者同士，自由に考えを交流させ，生徒のつぶやきを拾って板書していく。

---
・結果を残すことを考えたら1年生。
・学年に関係なく実力で判断してほしい。
・実力で判断するのはわかるけれど，ずっと練習してきた2年生の気持ちを考えると複雑。
・2年生は去年1年間，つらいことも我慢して練習してきた。その努力は無視できないと思う。

---

「今日は，ある中学校の吹奏楽部で実際に起きた出来事を通して，何が公平なのかについて考えてみましょう」と話し，教材を読む。その際，教材のもとになった『いじめ　心の中がのぞけたら　漫画　明日がくる　3』本山理咲：著（朝日学生新聞社）を提示するのもよいだろう。

**■対あんなに1年生を無視していたカオリが，変わることができたのは，どんな思いに支えられていたからでしょうか。**
■偏見は，誰かのせいではなく，自分の内側から生じることに気づかせる発問である。

ワークシートに自分の考えを書き，自由に立ち歩いて友達と考えを共有する。授業者も話し合いの輪の中に入り，「○○さんと話してみるといいかも」など，関連する意見・反対の意見をもつ生徒同士をつなぐ声がけをする。

その際の聴き取りをもとに，全体でシェアする場面での意図的指名につなげる。

- カオリは，初めから無視するのは間違っているのはうすうすわかっていたけれど，周りに流されていただけだった。
- 自分も，無視するみんなも間違っている，と認めるには勇気が必要だった。その勇気を出せたから，変われた。
- 無視するのはおかしい，と言うと自分が逆にいじめられるのではないか，と思って本当の気持ちが言えなかった。自分はそうなってもいいから，部のために無視はよくない，ということを決心したから。
- そもそも，自分の練習がまだまだ足りなかった，ということに気づいたから。2年生も努力してきた，というけれど，その努力は十分だったのか，と思う。

**3 ㊙この部活動の場合，いじめを止めることができましたが，そうではない場合もありますよね。いじめを止められる集団と，止められない集団の違いとは何でしょうか。**
　■比較を通して，いじめを止める条件について考えを深める発問である。

ワークシートへの記入の後，3人1組のトリオになり，意見を交流する。少人数にすることで，全員が話し合いに参加できるようにする（道徳科におけるトリオ学習の効果については，宇都宮大学・和井内良樹先生の研究を参考にしたい）。

- 自分は関係ない，自分の問題じゃない，と思っていると問題は解決しないと思う。自分が何とかしなくては，自分に何ができるかと考えられると，いじめは止められる。
- 誰かのせいとか，みんながとか思っているうちは解決できない。
- そもそも，いじめの原因となったことは何なのか，それは無視をしても解決しない。原因を解決するにはどうしたらよいのか，そもそもを考える。
- 原因はいろいろあるし，解決できないことも多いから，これからどうしたいのか，

と未来を考えるべき。
- 一人でいじめを止めるのは難しい。みんなに呼びかける前に，信頼できる仲間におかしいと思うことを伝えて，協力や賛成をしてくれる仲間を少しずつ増やしていく。

ここで「みなさんは『自分のものさし』って何かわかりますか？」と投げかけ，ものさしには「定規」という意味だけではなく「価値観」という意味があることを確認する。

「これはある大学の掲示板に張り出された言葉です」と話し，スライドで示す。

---

私のものさしで
　　問うのではなく
私のものさしを
　　問うのです

---

「で」と「を」にはどんな違いがあるのか，確認する。

**4 ㊙今日のお話のなかで「自分のものさしで測っているところ」はどこでしょうか。**
　■差別や偏見の始まりが，自己中心的な考えであることに気づかせる発問である。

- 1年生のくせに生意気
- マイトランペットを持っていることが「ウザい」という考え
- 習っていた，マイトランペットを持っている＝うまくて当たり前

**5 ㊣今日の授業を通して，あなたが改めて学んだことは何ですか。**
　■本時でねらう内容項目に迫る発問である。

- 自分が本当に正しいのか，他者目線で考えることは大切だ。
- 自分が多数派だと，それが正しいと思い込んでしまうことは怖い。

**教材** 「みんなで音を」 『いじめ 心の中がのぞけたら 3』本山理咲：著　朝日学生新聞社
p.276〜281をもとに，授業者が作成

　私は吹奏楽部員でトランペットを担当している。そこに，トランペットの上手な１年生・アオイが入部してきた。しばらくして，少人数で出場するアンサンブルコンテストがあり，少人数でのコンテストの出場メンバーに選ばれたのは，２年生の私，ではなく，１年生のアオイだった。コンテスト当日の客席で，同じ部の仲間から「１年生のくせに生意気〜」「ねー」なんて会話が聞こえてきた。「本当なら，カオリが出るはずだったのにね」なんて声をかけてくる子もいて，私はどう返答するのがよいのかわからず，複雑な気持ちだった。

　コンテストが終わった後も，トランペットが上手な１年生に対しての色々な声が聞こえてきた。「あの子，小学校の時からトランペットを習っていたんだってー」「マイトランペットも持っているらしいよ」「えー！　ウッザ！」「そんなの，うまくて当たり前じゃね？」「気にすることないよ，カオリ」そんなふうに私に言ってくる子もいた。

　そのうち，私たち２年生部員は，１年生のアオイを無視するようになってきた。そんな２年生の様子を見て，１年生からもアオイはハブかれるようになっていった。全体練習で音を合わせても……あの子がいるだけで部活の雰囲気はめちゃくちゃ。そんな時，先生の指揮がピタリと止まった。先生はしばらく黙った後，ゆっくり，静かに話し出した。「音楽って，なんだ？」え？　突然，どうしたのだろう……先生の言葉はさらに続いた。「部活は強制じゃない。義務でもない。音楽を楽しみたいやつだけが集まってほしいと先生は思っている。……今日は終わりにする」静まりかえった音楽室に「バタン」という，ドアの閉まる音だけが響き渡った。少しの沈黙の後，２年生部員の一人が口を開いた。

　「だってさ……」どんな言葉が続くのだろう？

　「誰かさんがいるかぎり，音なんて楽しめなくない？」アオイの方をチラッと見ながら，２年生の言葉は続いた。

　「私が……」アオイが立ち上がった。「私が……やめれば……」私は思わず「違う！それは違うよ！」と叫んでいた。「カオリ……」みんながびっくりした顔をして私を振り返った。

　「私が……みんなが……アオイくらい一生懸命練習すればいいんだよ」私の勢いに，みんなは戸惑っている様子だった。

　「吹いて。合わせるから，吹いて」私は自然に，トランペットを手にとってアオイに声をかけていた。はじめは驚いた様子のアオイだったけれど，私の勢いに圧倒されたのか，びっくりしながらも曲を演奏しはじめ，私もアオイの音に合わせた。私たち二人の様子をびっくりしてみている部員もいれば，ふてくされたような顔でチラ見する部員もいた。アオイと二人でトランペットを吹いていると，心がのびのびして私はだんだん，心地よい，さわやかな気持ちになっていった。私とアオイの演奏を聴いているうちに，クラリネットが，フルートが，チューバが，パーカッションが……部員のみんなが次々と演奏を始めたのだ。色々な楽器の音が，私たち二人のトランペットの音に重なっていった。音楽が，みんな心をつないだ——奇跡が起きた瞬間だった。

　いつの間にか音楽室に戻ってきた先生が，何も言わずにこにことほほえんで演奏を聴いていた。

（福島県　星　美由紀）

**1年**

**2年**

**3年**

集団と共に成長する

# 25.「仲間」がいるから

| | |
|---|---|
| 感 動 | ★★☆ |
| 驚 き | ★★★ |
| 新たな知恵 | ★☆☆ |
| 振り返り | ★★☆ |

web
4-25
授業用
パワーポイント

　入学したばかりの生徒たちはまだ集団と言えません。今後の学校生活がうまく送れるよう，入学直後に仲間意識をもたせることが重要だと考えました。「友達」と「仲間」の違いを考えさせ，最後に先輩が読んだ卒業式の答辞を使うことで，仲間の意義と仲間と成長することの大切さを感じとらせることができると考えて，この授業を創りました。

**「佐世保市立日野中学校　卒業式答辞」**（2021年度）

**教材**「仲間がいるから楽しい
　　　仲間がいるから前進できる」

『斎藤一人　幸せの名言集』斎藤一人：著　三笠書房

### ■ 教材の概要 ■

　卒業式の答辞は巣立ちゆく3年生から在校生への貴重なメッセージである。しかし，一度しか聞けないメッセージでもある。そこで，この答辞を入学式直後の1年生へ読み聞かせすれば，3年間，大切にすべきものが見えてくるはずである。今回の答辞は，3年生の生徒代表として生徒会長が読んだものである。それは，仲間の大切さと仲間と成長することの大切さが込められた熱いメッセージで素晴らしいものだった。

### ■ 授業構成 ■

| 0 | 2 | 4 | | 10 | | 17 | | 24 | | 34 | 38 | | 47 | 50(分) |
|---|---|---|---|---|---|---|---|---|---|---|---|---|---|---|

●発問●
共通点？

●発問●
共通点？

●発問●
友達と仲間の違い？

●発問●
「□□□」がいるから楽しい」
友達？ 仲間？

●発問●
「□□□」がいるから前進できる」
友達？ 仲間？

●発問●
「仲間がいるから前進できる」賛成？ 反対？

教材1.2

●発問●
「仲間がいるから□□□」
どんな言葉を入れる？

感想

**協働的な学び**　多くの生徒の考えを黒板に書き，自分の考えを広げ，深める時間を設けた。

### ■ 本時の授業を中心に見取った評価文の例 ■

　友達と仲間の違いを考え，卒業証書授与式の答辞に書いてある先輩のメッセージを通して，仲間と成長することの大切さをしっかりと深く感じとることができました。

協働的な学びの度合い ●●●●●　　授業準備度 ●●●●●

## ねらい

友達と仲間との違いを深く考え，よりよく成長するためには仲間と協力することを大切に思う心情を育てる。

C15〔よりよい学校生活，集団生活の充実〕

## 準備

・教材１ 「佐世保市立日野中学校　卒業式答辞」（114ページに掲載）生徒数分
・教材２ 斎藤一人さんの言葉　提示用

## 授業の実際（１年で実施）

私の道徳授業では，毎回１枚目のスライドに授業内容と関係があるイラストを提示することにしている。今回は，卒業証書のイラストを見せて，「今日はどんな道徳授業なのか，想像してください。授業が終わると，このイラストの意味がわかりますから，しっかりと受けましょう」と言った。

中学生になって初めての道徳授業で楽しく柔らかい空気をつくるため，アニメの画像を数枚使用することにした。アニメ「ちびまる子ちゃん」のまるちゃんとたまちゃんの画像，次に「サザエさん」のカツオくんと中島くんの画像を見せて，問うた。

### 1 共通点は何でしょうか。

■授業の緊張感を減らし，全員参加させる発問である。

「この人は誰か知っていますか」と言いながら１枚目の画像を見せるとすぐに，「まるちゃんだ」と声が出た。しかし，中島くんの名前が出なかったのが意外だった。その後，「アニメ」「漫画」という意見が出たことにより教室に笑いが起こり，明るくなった。その後，数名の生徒が「友達」や「仲良し」という意見を発表した。

続けて，アニメ「ドラゴンボール」の画像と「ワンピース」の画像の写真を見せて，次の問いをした。

### 2 ２つのアニメの共通点は何でしょうか。

■授業への興味を高める発問であり，全員参加させる発問である。

これもすぐに「仲間」という声が出た。「そうですね」と言って，すぐに次の発問を行った。

### 3 （深）「友達」と「仲間」の違いは何でしょうか。ワークシートに「友達は……」「仲間は……」と分けて書きましょう。

■普段考えることがないことを考えさせることで，道徳授業の楽しさを体験させる発問である。

友達とは……

・何でも言える人
・一緒にいると楽しい人
・信頼できる人

仲間とは……

・いやな人とも協力する人たち
・偶然出会った人たち

ここで，

と板書して次を問うた。

### 4 □□□□に，「友達」と「仲間」のどちらを入れますか。

■友達と仲間の違いを深く考えさせる発問である。

挙手で確認したところ，友達が６名，仲間が10名だった。そして，こんな言葉がありますと言って，「仲間がいるから楽しい」を提示した。うなずく生徒もいれば，おや？という表情の生徒もいた。

ここで，

と板書して次を問うた。

**5** [　　　　]に，「友達」と「仲間」のどちらを入れますか。
■友達と仲間の違いを深く考えさせる発問である。

挙手で確認したところ，友達が9名，仲間が17名だった。そして，こんな言葉がありますと言って，「仲間がいるから前進できる」を提示した。今度は，うなずく生徒が多かった。

**6** (主深) 「仲間がいるから前進できる」この言葉に賛成ですか。次の中から一つを選びましょう。
　　　A　とても賛成
　　　B　だいたい賛成
　　　C　あまり賛成ではない
　　　D　反対
■仲間について深く考えさせ，自分の立場を決めさせる発問である。

挙手で確認したところ，
　・A…15名
　・B…　3名
　・C…　6名
　・D…　2名
だった。

Dの理由をたずねると，「いつも成長できるとは限らないから」という意見が出た。また，Cの理由をたずねると，「友達だからこそ，その人の性格がわかり，声のかけ方も知っているから」という意見が出た。自分の学級にいろいろな考えの人がいることを知って数名が大きくうなずいていた。

「卒業式のときに，卒業生の代表が答辞を読みます。今から読み上げるのは，過去の卒業生が読んだ実物です。今日，話題にしている『仲間』について，思いを込めています」と説明して教材1を配付し，ゆっくりと読み上げていった。これから送る中学校生活のよいイメージをもてるように，この答辞を選んだ。

自分たちの先輩が書いた答辞だったこともあり，生徒たちは範読する答辞を真剣に聞いていた。

そして，発問**4 5**で使った言葉「仲間がい

るから楽しい　仲間がいるから前進できる」が斎藤一人さんの言葉であることを伝え，教材2のスライドを提示した後，「自分の言葉で，自分のことを考えてみましょう」と言って，板書して次の発問をした。

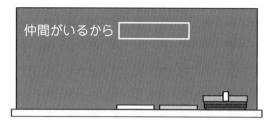

**7** (主対) [　　　　]に，あなた自身に合う言葉だとしたら，どんな言葉を入れますか。
■仲間の大切さを自分事として考えさせる発問である。

机間巡視しながら，書いた生徒たちに「黒板に書いて」と声をかけたところ，このような言葉を書いた。
　・踏み出せる　　　・自信が出る
　・毎日幸せ　　　　・涙を流せる
　・成功できる　　　・喜び合える
　・励まし合える　　・笑い合える
　・助け合える

生徒たちは多くの言葉を黒板いっぱいに書いた。書かれたものの中で自分がいいなと思ったものをワークシートに書かせた。

最後に授業の感想を書かせて終えた。
　・自分は仲間がいるからがんばれるということを実際に経験したことがあります。自分ができないことを一生懸命に取り組んだらほめてもらえたことが実際にありました。なので，今回の授業が人生の宝物になりました。
　・小学校ではやったことがないような授業でとても楽しかったです。

後日，保護者からも，「この3年間で仲間といろんなことを経験し，学び合い励まし合い，『仲間ぢから』を高めてほしいです」というコメントをいただいた。

## 教材　教材１　「佐世保市立日野中学校　卒業式答辞」 2021年度（授業者により一部省略）

　先輩方が卒業し，最高学年となった私たちの最後の学年目標は「仲間ぢから」。
　思えば，つらい時も苦しい時も楽しい時も私たちの周りにはいつだって仲間がいました。困難に出会ったときに仲間とともに乗りこえていく。すでに達成できていると思っていましたが本当の「仲間ぢから」は簡単に手に入れることはできないものでした。体育大会では練習時間も少ない中，後輩をまとめ盛り上げていかなければならないという焦りからか，意見が対立しあうことも多くありました。その分言いたいことを言い合い，打ち解け認め合って学級の絆を深める第一歩となりました。
　規模が縮小され計画どおりには進まなかった合唱コンクール。練習を始めたばかりの頃は気持ちが入らず本番はどうなるか不安な日々でした。しかし，練習を重ねるうちに歌うことへの喜びや楽しみを取り戻していきました。金賞をとることよりも互いに励まし合い練習する時間を楽しむことが大切だと気づかされました。そして，仲間と思い出をつくりたいという思いに，たくさんの周りの方々がこたえてくださり，修学旅行に行くことがかないました。どこに行くかではなく誰と行くか。どんなに楽しい場所であっても仲間と楽しむことにはかなわない。私たちは修学旅行を通して大切なことに気づかされました。私は思います。本当の「仲間ぢから」は長い時間をかけたから手に入れることができたのだと。ぶつかりあったり，喜びあったり多くの経験を重ねて創りあげた「仲間ぢから」は何にもかえられない宝物です。
　最後に大切な仲間たち。共に喜んでくれてありがとう。共に乗り越えてくれてありがとう。苦しい部活動も受験勉強もみんなと一緒だったから最後まで全力を尽くすことができました。みんなと一緒だったから楽しむことができました。かけがえのない日々をありがとう。３年生になったばかりの時，山中先生はおっしゃいました。「最高学年」ではなく「最高な学年」にしようと。今，ここでみんなの前に立ち，私はこの目標を達成できたと感じています。長いようで短かったこの３年間の中学校生活。できることならあと１日でもみんなとともに過ごしたい。しかし，もう前に進まなければなりません。進む道はそれぞれ違うけれど，この学び舎での３年間を胸に私たちは新しい一歩を踏み出します。自分の明るい未来に向かって。

　　　2022年３月15日　　　　　　　　　　　　　　　卒業生代表　小西二巴

## 教材２　「仲間がいるから楽しい　仲間がいるから前進できる」
『斎藤一人　幸せの名言集』斎藤一人：著　三笠書房

　この言葉は，「斎藤一人名言｜斎藤一人ブログ」にも掲載されている。
https://saitouhitori.net/wise-remarks13/

（長崎県　山中　太）

1年
2年
3年

個と集団のあり方を考える

# 26. ひとりで？　みんなで？

| 感　動 | ★☆☆ |
| --- | --- |
| 驚　き | ★★☆ |
| 新たな知恵 | ★★☆ |
| 振り返り | ★★★ |

web
4-26
授業用
パワーポイント

　人に合わせることやコミュニケーションをとるのが苦手という生徒がいる一方で，集団が好きでひとりでは行動できないという生徒もいます。学校生活のなかでは，「みんなで」を大切にしたい場面が多い一方で，「ひとりで」を大切にしたい場面もあります。集団の結束力が強くなることで見えづらくなるもの，ずっとひとりでいることで見えづらくなるものもあるのではないか。それぞれの良さを考えてほしいという思いでこの授業を創りました。

**教材**　流行の言葉「ソロキャンプ」と「同調圧力」から考えた4つの場面設定　自作教材

### ■ 教材の概要 ■

　ソロキャンプと通常のキャンプの比較。とても仲が良い集団だが，全員参加することが求められている学級で，その集団から抜けようとしたときに起こりがちなこと。これらの場面を教材とした。集団の良さ，個人の良さを考えさせるのに手軽に活用できる場面設定教材である。『ここは今から倫理です。』雨瀬シオリ：著集英社3巻14話「主義探し」と4巻17話「マン・イン・ザ・ミラー」をヒントに作成した。

### ■ 授業構成 ■

| 0 | 8 | 15 | 23 | 30 | 47 | 50(分) |
|---|---|---|---|---|---|---|
| ●発問● | ●発問● | ●発問● | ●発問● | ●発問● | | 説話 |
| ソロと多数のキャンプ，どちらがいい？ | 状況❶ このクラスどう思う？ | 状況❷ グループを脱退したら，どんなことが起きると思いますか？ | 状況❸❹ なぜいじめが起きたのでしょう。 | 集団の良さ？　見えづらくなるものは？ ひとりの良さ？　見えづらくなるものは？ | | |

**協働的な学び**　グループで考えを出し合い，多様な考えに触れる。

### ■ 本時の授業を中心に見取った評価文の例 ■

　自分のことを振り返りながら，いつも授業を受けていました。集団生活について取り上げた授業では，集団と個人それぞれの良さを尊重し，調和して生活していくことの大切さについて考えを深めることができました。

協働的な学びの度合い ●●●●●●　　授業準備度 ●●●●●●

## ねらい

集団生活のなかでは，それぞれの考え方を尊重し，調和して生活していくことが求められることに気づき，より良い人間関係を築いていこうとする態度を育てる。

C15［よりよい学校生活，集団生活の充実］

## 準備

・教材　状況❶〜❹（スライドで投影）
・ワークシート（118ページに掲載）生徒数分

## 授業の実際（3年で実施）

### 1「ソロキャンプ」と「みんなでキャンプ」，どちらに行ってみたいですか。それはなぜですか。

■「ひとりで」と「みんなで」には，それぞれどのような"良さ"があるのかを考える発問である。

全員がネームプレートを黒板に貼って，立場を確認。それぞれの立場で，それを選んだ理由を発表させた。

**ソロキャンプを選んだ理由**

・ひとりが楽。
・人に合わせなくていいから。
・ひとりだと，すべてを忘れられる。

**みんなでキャンプを選んだ理由**

・みんなと一緒の方が楽しいし，思い出になる。
・誰かとずっと話していたい。
・ひとりだとできないことがあって不安。

「『ひとりで』『みんなで』はこんなに大きな違いがあるね。今日はこのことを考えよう」と言って，次のテロップを示した。

> ❶私のクラスは男女関係なくとても仲が良い。
> 何でもみんなで協力し，全力でやる。クラスのグループチャットがつくられ，それには全員参加し，細かい連

> 絡も取り合っている。

### 2このクラスをどう思いますか。

■教材のクラスがどんなクラスか，印象を問う発問である。

列指名で発表させた。

・男女関係なく仲が良いというところが良い。
・とても団結しているクラスだと思う。
・クラスのグループチャットがある，というところが気になる。

「良いクラスだ」と感じる生徒が多いなか，数名はクラスのグループチャットがあるというところに引っかかっている生徒もいた。これまでに起こった自分の苦い経験と重なる部分があったのかもしれない。その意見をとり上げて，共有したタイミングで次を提示した。

> ❷授業中にどうでもいい内容のメールが飛び交っている。
> このようなやりとりに嫌気を感じ，グループを退会したいと思っている生徒が出てきた。

「あるある」という声が出たので「どう思った？」とたずね，隣同士で感想を言い合わせた。続けて次の問いをした。

### 3 主クラスのグループチャットを退会したら,どんなことが起きそうですか。

■トラブルを考えさせ，生徒の本気度を高める発問である。

続けて，隣同士で話しをさせた後，列指名で意見を聞いた。

・何で退会したのか質問攻めに遭う。
・クラスのみんなに無視をされたり，いじめに遭ったりするのでは。
・みんなに責められる。
・仲間外れにされる。
・どうしたのか，と心配される。

グループを退会することで，クラスから孤立してしまうのではないか，という意見が多く出た。

「この後，このように話が進んでいきました」と言って，次を提示した。

> ❸グループチャットでは悪口があがるようになる。
> グループチャットを退会すると，クラスの多くの人が無視を始める。

また，単純にその集団を構成している人間が悪いのだと結論づけないよう，次の様子も加えた。

> ❹ひとりの友達が励ましの声をかけてきた。
> 悪口を言っているのは一部で，本当は嫌だと思っているけれど，その一部に気を使っていると伝えてきた。

**4** 🈭最初にこのクラスをどう思うかと聞いたときは，男女仲良く，何事も協力する良いクラスだという意見が出ましたが，なぜ，このクラスでいじめは起きたのでしょうか。

■いじめの原因を考えさせることで，行き過ぎた同調体制の問題点に気づかせる発問である。

近くの人と話をさせた後，列指名で意見を聞いた。

・自分たちと違うことを嫌った。
・クラスは全員が仲良く同じことをするのが良いと強く思っている。
・みんなと同じことをしない人を，生意気だと思った。
・違うことをするので，敵対してきたのではないかと思い込んだ。

**5** 🈫集団が団結すると，どんな良さがありますか。集団になると見えづらくなることってあるのでしょうか。また，「ひとりで」行動することには，どんな良さがありますか？　ずっと「ひとりで」いると見えづらくなることがあるのでしょうか？

■「みんなで」と「ひとりで」には，それぞれどのような“良さ”があるか，またそれだけだと見えなくなるものがあるのではないかを考えさせる発問である。

118ページのワークシートを配付し，5分間記入させた。どちらの良さも見えるようにマトリックスを使った。生徒からは，次のような意見が出た。

**団結した集団の良さ**
・助け合える。
・ひとりではできないことができる。
・いろんな考えに触れることができる。

**「ひとりで」いることの良さ**
・人に合わせず，自分の好きなことができる。
・人に流されない。
・もめ事に巻き込まれない。

**集団にいると見えづらくなるもの**
・自分の本当の気持ち。
・友達の思い。
・気持ちが大きくなってしまうことがある。

**「ひとりで」いると見えづらくなるもの**
・周りの人の表情や気持ち。
・人に助けてもらうと，楽になれることもあるということ。

ワークシートに書いた内容を一つごとに1枚の付箋紙に書かせて，6人班でA3判の用紙に貼らせた。同じ意見は重ね，近い意見は近くに貼らせた。お互いに質問させたり，説明させたりした。

最後に118ページに示した説話をして授業を終えた。

| | 良さ（得られるもの） | 見えづらくなるもの |
|---|---|---|
| みんなで | 集団が団結すると，どんな "良さ" があるのでしょうか。 | 集団にいると，見えづらくなることってあるのでしょうか。 |
| ひとりで | ひとりで行動することには，どんな "良さ" があるのでしょうか。 | ひとりでいると，見えづらくなることってあるのでしょうか。 |

**参考　教師の説話**

　集団生活を行っている学校では，自分勝手な行動をする人がいれば周りは迷惑になりますし，みんなで団結しなければ乗り越えられないこともたくさんあります。ただ，それは何でもすべてみんなと一緒にしなければならない，ということではありません。昼休みにひとりで本を読みたい人，ひとりで静かに勉強をしたい人，今日は何となくひとりでいたいな，と思っている人。そういう人たちの思いも大切にできたらいいな，と思います。人と合わせなければいけない場面，人と合わせなくてもよい場面はあります。これからも，このクラスの一人一人が幸せに過ごせる教室をみんなと一緒につくっていけたらいいな，と思います。

（熊本県　由川文子）

1年

2年

3年

同じ地球に生きる者として

# 27.地球人でええやんか

| 感　動 | ★★★ |
| --- | --- |
| 驚　き | ★★☆ |
| 新たな知恵 | ★★☆ |
| 振り返り | ★☆☆ |

**web**
4-27
授業用
パワーポイント

　外国にルーツをもつ生徒が増えてきていますが，地域によっては珍しいケースも。日本に暮らす，外国にルーツのある人々，というと「外国人差別」といった現代的な課題もありますが，この作文の作者と母親の底抜けに明るく前向きな姿には，すがすがしい読後感を覚えます。国や文化の違いを受け入れて連帯していこうという意欲を育むことができる教材です。

## 『地球人でええやんか』

木田 美映 ミシェル：作
第37回　全国中学生人権作文コンテスト
文部科学大臣賞　受賞作品

### ■ 教材の概要 ■

　中学校学習指導要領の道徳科の「国際理解・国際貢献」の内容項目には「世界の中の日本人としての自覚をもち，他国を尊重し，国際的視野に立って，世界の平和と人類の発展に寄与すること」とある。この作文はこれらの内容を網羅しており，作者が同じ中学生であり前向きであることから，自分には何ができるのか考えることができる教材である。

### ■ 授業構成 ■

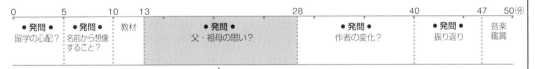

| 0 | 5 | 10 | 13 | | 28 | | 40 | 47 | 50(分) |
| --- | --- | --- | --- | --- | --- | --- | --- | --- | --- |
| ●発問●<br>留学の心配? | ●発問●<br>名前から想像<br>すること? | 教材 | | ●発問●<br>父・祖母の思い? | | ●発問●<br>作者の変化? | | ●発問●<br>振り返り | 音楽<br>鑑賞 |

**協働的な学び**　自由に立ち歩いて友人と考えを交流。

### ■ 本時の授業を中心に見取った評価文の例 ■

　教材と出合い，友人との話し合いを通して，国や文化の違いを超えて平和な国際社会の実現のために，これから自分には何ができるのか考えを深めていました。

協働的な学びの度合い ●● ● ● ● ●　　授業準備度 ●● ● ● ● ●

## ねらい

国や文化の違いを乗り越えるために大切なことは何かについて話し合うことを通し、平和な国際社会の実現のために自分にできることを実践しようとする道徳的態度を養う。

C18［国際理解，国際貢献］

## 準備

・教材「地球人でええやんか」（122ページに掲載）生徒数分
・「ツバメ」YOASOBI with ミドリーズ：作詞・作曲の曲と歌詞

## 授業の実際（2年で実施）

導入の短い時間で、友人の多様な考えに触れることができるように、発問■を事前に予告し、授業前に考えておくように指示する。外国にルーツをもつ生徒作文であるため、学級に当該生徒がいる場合には、事前にその作文を扱うことを話し、生徒本人の了解を得るなど配慮したい。

### ■みなさんが来週から，外国に留学することになるとしたら，何か心配なことや不安なことはありませんか。

■教材を自分事として考えることができるようにし、ねらう内容項目への興味を高める発問である。

席の近い者同士、自由に考えを交流させ、生徒のつぶやきを拾って板書していく。

・言葉が通じない。
・治安は大丈夫か。
・食べ物が口に合うか。
・友達はできるか。
・服装はどうしたらよいか。
・差別されたりしないか。

差別について出ないときには、バスケットボールのオコエ桃仁花選手や八村塁・八村阿蓮選手らによる、人種差別被害の記事などを提示してもよいだろう。

「違う文化や習慣に出合うときって不安や心配なことがいろいろありますよね。今日は、『違う文化や習慣に出合ったとき、私たちはどう行動するのがよいのだろう』をテーマに考えていきたいと思います。みなさんと同じ中学生が書いた作文を読みます」と話し、作者の名前の漢字の部分を板書した。

### ②作者の名前から，どんな人を想像しますか。

■名前から受けるアンコンシャス・バイアス（無意識の偏見）に気づかせる発問である。

・女子
・すてきな名前

「では、この名前からはどんな人を想像しますか」と話し、板書にカタカナの部分を付け加え、作者の名前であることを話す。

・ハーフだ。
・何人だろう？
・外国人っぽい？

ここでは次の点についてパワーポイントのスライドで示しながら、説明を加える。

> ・ハーフという表現は半分、という意味なので失礼に当たる場合がある。
> ・単純に2つの国だけではなく、さまざまな遺伝子が入っている人が、世界には大勢いる。
> ・むしろそうではない人の方が、世界全体で見たら少数派である。

作者のルーツについて図にしてスライドで示すことで、生徒が考えを整理しながら理解できるようにするとよいだろう。

教材（p.122）を配付し，範読した。

**３ 対 深** 作者のお父さんやおばあちゃんが，仕事で疲れているのに，それでも貴重な時間を使って，料理教室を開いたり，民族ダンスを披露したりしたのは，どんな思いからだったのでしょう。料理教室や民族ダンスの披露が，「自分の子どもたちが日本で暮らしやすい未来」にどうつながるのでしょうか。
■父や祖母の活動を支えた思いについて迫る発問である。

ワークシートへの記述をもとに，自由に立ち歩いて友人と意見を交換することで，多様な考えに触れ，自分の考えを深めることができるようにしたい。授業者も話し合いの輪の中に入り，ときには「□□さんと話してみてはどう？」などと，つながりそうな意見や，違う意見をつなげ，話し合いをコーディネートすると同時に，その後の意図的指名につなげていく。

「日本の人に，自分たちの文化を知ってもらいたいから」と考える生徒が多かったので，「なぜ自分たちの文化を知ってほしいのだろう？」と補助発問を重ねた。数名指名して全体で考えをシェアする。

・よくわからないと変だと思われるから，知ってもらうことで，外国の文化の良さがわかる。
・料理を食べたらおいしいとか，民族ダンスは楽しいとか，プラスの気持ちをもってもらうことをきっかけにして，自分たちの文化の良さに気づいてもらいたい。
・自分たちが苦労して伝えることで，自分の子どもたちが暮らしやすくなると考えたから。
・文化が違うことで，苦労している人がいると知ってもらって，そこから手伝いとか，協力につなげたかったんじゃないか。

作者が長い自分の名前を省略して記入しようとすると怒られる理由について話し合うことで，ペルーの文化や自分のルーツに対する誇りについても気づかせたい。

**４ 対** 最初は「自分は何人（なにじん）？」ということにこだわっていた作者が「地球人でええやんか」と思うようになったのはなぜでしょうか。以前と今では，作者のなかの何が変わったのでしょうか。
■国の違いにこだわらず，作者が国際的な視野に立って未来を考えるようになった変化に気づかせる発問である。

ここでも発問３と同様に，自由に立ち歩いて意見交流できるようにする。その際に「今日の道徳の授業で，まだ話をしていない人と考えを交流してみよう」と声をかけることで，より多様な意見に触れられるようにしたい。

・国や文化が大切なのではなくて，相手を理解して受け止めようとすることが大事だと気づいた。
・未来を良くしようと努力したお父さんやおばあちゃんの生き方の上に，自分の生活が成り立っていることに気づいた。
・次は自分が，よい世の中を未来につないでいかなければ，と決意した。

**５ 主** 違う文化に触れたとき，あなたが大切にしたいことは何ですか。
■国によって価値観や生活習慣などが違っても，同じ人間として尊重しようとする実践意欲と態度を育てる発問である。

導入での生徒の発言も生かしながら考える時間をとり，数人指名する。

・文化が違うと心配や不安が先に来ていたけれど，それぞれの文化の良さを知って，その文化を好きになるところから始めたい。

最後に，タブレット端末にYOASOBI withミドリーズの曲「ツバメ」の歌詞を表示させ，歌詞に注目させながら曲を鑑賞し，余韻をもたせて授業を終えた。

**教材** 「地球人でええやんか」 滋賀県東近江市立朝桜中学校1年　木田 美映 ミシェル

法務省人権擁護局・全国人権擁護委員連合会主催　第37回全国中学生人権作文コンテスト　文部科学大臣賞受賞

　小学校4年の帰りにいつもの通り集団で仕事のおばちゃんとすれ違うと，不意に外国籍のおばさんが，私に「あなた何人？」と聞いてこられました。私が，日本人だと答えるとその人達がすごく笑うのでとても不思議に思い，そのことを家に帰って母に話すと「あー，今まで話してなかったけどあんたは地球人やねん。」と真顔で母は答えました。なんぼなんでも4年生の私にそんなテレビみたいなふざけた答えは通用せぇへんと思ったけど，そう考えると皆と違うこともいくつか思い当たりました。そういえば私の名前は他の人に比べて長い。省略して記入しようとすると怒られる。そしてお父さんの顔は，やたら濃いし，時々知らない言葉で電話している。なんぼなんでもだまされへんで！　私の気持ちとは裏腹に母は話し続けました。「あんたのお父さんは日系ペルー人や。お父さんのおじいちゃんはイギリス人で，そのおじいちゃんのお父さんとお母さんがイギリス人とイタリア人，お父さんのお母さん，すなわちおばあちゃんは日系ペルー人，そのお父さんが日本人，お母さんがペルーの人や。そんなお父さんと結婚したお母さんは日本人や。そやし，あんたは国籍は日本やねんけどいろんな国の血と誇りが混ざった代表でもあるんやから地球人でええやんか。」と……。なんとアバウトな……。

　だいたいうちの母は大雑把というかなんというか一言では言い表せないところがあるとは小さいながら気付いてはいたけど，なんぼなんでも地球人なんて言い訳が通用するわけがない。「だからまじめに何人なん？」私は再度大声で確認すると「だいたいお父さんの国ではたいていの人が色々な国の血が混じってる人ばっかりやから何人何人てそんなことあんまり言わはらへんねん。だから国籍は日本やけど地球人でええやん。」小学生の私としては本当に釈然としないまま時が過ぎました。それからも時々そんな話はでましたが，ことあるごとに地球人という答えしか返ってこないので，お姉ちゃんに最近その話をすると，お姉ちゃんから私の知らないお父さんとお母さんの話が出てきました。

　今でこそ私の両親は私達のスポーツの応援ばかりに追われていますが，お姉ちゃんが小さかった時はお姉ちゃんを連れて学校や公民館など色々な所に外国の生活の現状を皆に話しに行っていたようです。お父さん達日系の人が日本に働きに来て，その時子供達が言葉もわからず，学校の先生も子供も親も皆困っていたそうです。そんな中で今の生活や文化を知ってもらおうと，お父さんおばあちゃんで料理教室を開いたり，民族ダンスをひろうしたり，そのダンスにお姉ちゃんも出たことがあったと話してくれました。そういえば，今も外国の民族衣装などが家にあるし，アルバムで自分の民族衣装を着た姿の家族の新聞の切り抜きがあることを思い出しました。私は母にお姉ちゃんが話していたことを聞きました。すると，「そうやねん，お父さんはあなた達子供が生まれた時に外国の子達が色々困ってる現状を見て，自分の子達が日本で暮らしやすい未来を作るぞって決心しはってん。だから，1人にできることは小さいけど，今色々な人に話す機会があるならと，仕事が終わってから遅くまで色んな活動してはった。お父さんは『今は種をまく時期や。自分の行動が子供が少し大きくなった時に芽を出して，大人になった時花咲いてたらそれは大成功や，だからがんばる』て言ってはったな。」と話してくれました。私は今の父から想像しなかった一面を聞いた気がしました。

　私達が困らない世の中って？　私は何に困ってる？　普通に学校に行って友達も仲良くしてくれる。市役所やお店に行っても外国の人が皆と同じように働いている。そう考えた時初めてお父さんの目指していた当たり前や普通の暮らし，そしてお母さんのあのふざけた「地球人でええやんか。」の意味がパズルの1ピースが入るように自分の中にしっくり納まって意味深い言葉であることがやっと理解できました。そうか！　私のこの中に流れる血は色々な国の人の声・魂・叫び・想いが詰まっているんだ。それは私だけでなく友達もそうで脈々とつながる血のリレーが私達に受け継がれているんだということを。だからこそ精一杯生きてよい世の中を次の未来につないでいかないといけないのだということが。

　私はやっとわかりました。当たり前や普通のありがたさを。そしてそれは以前あった人達の苦労の上にあるということも。

　先生。今度私は誰かに「何人？」って聞かれたら

　「地球人でええやんか。」

　ちょっとお茶目なこの切りかえしを，みんなにも使ってみようかな？　と思うのです。

（福島県　星 美由紀）

| | |
|---|---|
| 1年 | |
| 2年 | |
| 3年 | |

ふるさとを思う大切さとは

# 28. 奇跡のまちをつくる

| | |
|---|---|
| 感　動 | ★★☆ |
| 驚　き | ★☆☆ |
| 新たな知恵 | ★★★ |
| 振り返り | ★★☆ |

web
4-28
授業用
パワーポイント

　国内の人口減少に伴い，全国で限界集落が増加しており，消滅する危機を迎えている集落も多くあるのではないでしょうか。これまで住んでいた故郷が，数年後にはなくなっていく……。そのような可能性に対する関心を中学生にもってほしい。そして，負けずに立ち向かう人がいることを知って，自分では何ができるか考えるきっかけになればと思い，教材開発に取り組みました。

「未来コンビニ」 ウェブサイトの写真
https://mirai-cvs.jp/

「SDGs×徳島県 ~経済・社会・環境の調和のとれた徳島を次の世代へ~」広がる SDGs/Challenger Vol.3
藤田恭嗣さん（株式会社メディアドゥ 代表取締役社長 CEO）インタビュー
徳島県政策創造部総合政策課

### ■ 教材の概要 ■

　人口わずか1000人ほどの徳島県那賀町木頭地区で生まれ育った藤田恭嗣さん。限界集落と呼ばれるようになった故郷に建てた未来コンビニ。店内の随所に見られる工夫から，藤田さんの故郷の人々に対する思いを感じ，自らの故郷に対する思いや振る舞いはどうであったかを考えるきっかけを与えてくれる教材である。

### ■ 授業構成 ■

| 0 | 6 | 9 | 11 | 16 | 18 | 20 | 25 | 28 | 32 | 36 | 40 | 45 | 47 | 50(分) |
|---|---|---|---|---|---|---|---|---|---|---|---|---|---|---|
| 写真 未来コンビニについて | ●発問● なぜこの地区に? | 教材1 | ●発問● (再度) なぜこの地区に? | 説明 限界集落とは? | 教材2 | ●発問● 全国の推移からわかること? | ●発問● まちの推移からわかること? | 教材3 | ●発問● どんな行動の違いが見られる? | 活動① マッピング | ●発問● 笑顔になるために大切にしたいことは? | 活動② カード記入 | 感想 | |

　協働的な学び　多くの人々の支えによって，育てられた故郷を大切にしたいとの思いを高める。

### ■ 本時の授業を中心に見取った評価文の例 ■

　自分を支え育ててくれた人々との関係をマッピングすることで，自分と故郷とのつながりを実感し，自らの故郷のために何ができるか考え，行動していきたいとの思いが感想や発言から見られました。

協働的な学びの度合い ●●●●●●　　授業準備度 ●●●●●

## ねらい

　藤田恭嗣さんの未来コンビニの取り組みや，インタビューから故郷を思う大切さに気づき，郷土のすべての人の笑顔を実現するために，自らの立場で何ができるのかを考え，行動していこうとする心情を高める。
C16［郷土の伝統と文化の尊重，郷土を愛する態度］

## 準備

・教材1　「未来コンビニ」ウェブサイトにある木頭地区の写真（126ページにURL掲載）提示用
・教材2　「限界集落数の推移」（126ページに掲載）提示用
・教材3　藤田恭嗣さんインタビュー（126ページに掲載）提示用

## 授業の実際（3年で実施）

　「この建物を見てください」と言って，未来コンビニの写真を，看板名を隠して提示した。生徒の興味を高めたところで「未来コンビニ」という看板名を明かした。
　「どんなコンビニだろうね」と投げかけると，生徒たちからは「最先端の技術が使われていそう」「人は誰もいなくて，ロボットが経営していそう」との声があがった。それぞれの声を受け止めた後，「世界一美しいコンビニ」というコンセプトから誕生したものであり，国際的に権威あるアワードを11冠受賞したことを伝えた。
　「どこにあるんですか？」との質問が出たので，「どこにあると思う？」と問い返すと，「首都圏にありそう」「いや，写真を見たら自然に囲まれたところだから地方にありそう」との反応が返ってきた。「未来コンビニがあるのは，徳島県と高知県の県境にある山間に位置する徳島県那賀町木頭地区です。『四国のチベット』と呼ばれるほどの自然豊かな人口約1000人の地区です」と説明し，教材1の写真をいくつか大きく示した。

　「未来コンビニをつくった方は，この木頭で生まれた藤田さんという実業家の方です」と説明し，最初の問いをした。

### ❶藤田さんは，なぜ木頭地区に未来コンビニをつくろうと思ったのでしょうか。
　■藤田さんの未来コンビニに込めた想いについて，理解させるための発問である。
・まちおこしのために建てた。
・自然豊かなまちが気に入っている。
・コンビニが少なかった。

イベントとして開催されたクイズ大会

　「考えるヒントになる写真を見せます」と言って，教材1の子どもたちのイベントの写真を提示し，「山と川からなるこの豊かな自然環境で育った木頭の子どもたちにいろんな体験をしてほしい，いろんな刺激に触れてほしいという思いからさまざまなイベントを企画・実行しています」と説明し，続けて小学校跡地の歴史を伝えるパネルの写真を提示し，「未来コンビニは旧・北川小学校の跡地に建てられています。いつまでも自分たちが学んだ場所を忘れず，この場所に集って思い出話に花を咲かせてほしいとの願いから，学校の変遷を展示しています」と説明した。
　改めて問うと，次の発表が加わった。
・子どもたちの文化のため
・子どもたちの学びの場
　「ウェブサイトには，未来コンビニは『子どものためのコンビニ』をテーマに，子どもたちがここでさまざまな学びと経験に出合い，成長できる場として建てられたこと，漫画家の手塚治虫さんがかつて子どもについて語った表現からヒントを得て，「子どもは未来から来た未来人」というキーフレーズをつくり上げ，そのフレーズにちなんで「未来コンビニ」と名づけたこと，ロゴは未来へと続

く光の輝きをモチーフにしたことが記述されていました」と説明した。未来コンビニの2つめのコンセプトが「未来を担う子どもたちのために」であることも加えた。

ここで、「さきほど、『まちおこし』という発言がありましたね。この地区は限界集落の一つです。限界集落とは、過疎などによって、65歳以上の高齢者の割合が50％を超えるようになった集落のことです。家を継ぐ若者が流出して、冠婚葬祭や農作業における互助など、社会的な共同作業が困難になった共同体のことです。未来コンビニがこれほど注目を浴びた結果として、地元の方々だけではなく、日本中、世界中から人々が訪れる場所に生まれ変わり、過疎化が進むこの限界集落で交流人口を倍増させたのです」と説明した。近年の限界集落数の推移を生徒たちに印象づけるため、教材2の2019年の欄を隠し、自分たちの住んでいる地方の値について予想させた。その後、2019年の欄を開示すると、生徒たちはその変貌ぶりに驚いた様子であった。

## 2 全国の推移から何がわかりますか。
■限界集落の数の推移から、現在起こっている問題やこれから起こり得る問題についてとらえさせる発問である。

生徒たちから、次の意見があがった。
・全国的にも、限界集落が増加している。
・九州地方と中国地方は、特に深刻だ。
・沖縄は、2015年度と比べ2倍になっている。
より自分たちの問題として考えてもらいたいと考え、在籍校があるまちのホームページに掲載されている年齢別人口の推移を提示した。

老年人口（65歳以上の人口の割合）の上昇に着目させたいと思い、年代別に確認した。

1980年（8.4％）➡ 2015年（35.0％）
➡2045年（43.3％）

その後、次の発問を行った。

## 3 主 私たちの住むまちの推移から何がわかりますか。
■資料から問題点を抽出する力を育てるための発問である。

生徒たちは次のように回答した。
・私たちのまちも「他人事（ひとごと）」ではない。
・2050年には老年人口が50％を超えそう。
限界集落の問題を「自分事」としてとらえていることを確認した上で、「藤田さんはインタビューでこのように言っています」と言い、教材3を提示した。故郷への思いをアイデンティティというキーワードで語り、同時に自分の可能性を高めることについて触れたインタビューである。授業ではテキストを読ませた後、動画を視聴させた。

## 4 対 深 アイデンティティがある人とない人とでは、行動にどんな違いが見られると、あなたは思いますか。
■アイデンティティが行動に及ぼす影響を感じとらせる発問である。

アイデンティティがある人
・世話になった人たちの分までがんばれる。
・自分に何ができるかを考えようとする。

アイデンティティのない人
・つらくなるとがんばれない。
・まず、まちのために何かしようと思わない。
自己のアイデンティティを形づくった人たちを実感させるため、マッピングして身の回りの人とのつながりを可視化させた。

活動後、未来コンビニの3つめのコンセプトが「地元のひとの笑顔のために」であることを伝え、次の発問をした。

## 5 すべての人が笑顔になるために、大切なことはどんなことでしょうか。
■まちの人々の笑顔を生み出す当事者として必要な行動を考える発問である。
・あいさつ　・気づかう言葉かけ　・優しさ
生徒が日常生活でできる具体的行動について考えていることがうかがえた。

今の自分にできる行動を自己決定させるため、全生徒に「すべての人が笑顔になれる、奇跡のまちを創ろう! カード」を配付し、今日からできそうな行動をカードに記入させた。

記入後は、学級に掲示し、意識の持続を図った。カードに書かれた行動が教室などで見られた際には通信などで取り上げるとよい。

**教材 1** 「未来コンビニ」ウェブサイトの写真　https://mirai-cvs.jp/

- 「ABOUT US」より未来コンビニの写真，子どもたちのイベントの写真，小学校跡地の歴史を伝えるパネルの写真
- 「LOCATION」より自然豊かな木頭の写真

**教材2**　「集落の高齢者（65歳以上）割合が50%以上である集落の数」
総務省調べ

| | 北海道 | 東北圏 | 首都圏 | 北陸圏 | 中部圏 | 近畿圏 | 中国圏 | 四国圏 | 九州圏 | 沖縄県 | 合　計 |
|---|---|---|---|---|---|---|---|---|---|---|---|
| 2015年 | 705 | 1667 | 383 | 512 | 1062 | 769 | 3860 | 2426 | 3096 | 7 | 14487 |
| 2019年 | 999 | 2839 | 578 | 751 | 1300 | 1116 | 5072 | 2990 | 4690 | 14 | 20349 |

**教材3**　「SDGs×徳島県 〜経済・社会・環境の調和のとれた徳島を次の世代へ〜」
広がるSDGs WITH コロナ時代を迎え撃つ Challenger Vol.3
**藤田恭嗣さん**（株式会社メディアドゥ 代表取締役社長 CEO）**インタビュー**
徳島県政策創造部総合政策課　https://www.pref.tokushima.lg.jp/sdgs　より一部転載

　（前略）まずはいろんなことに興味を持って，いろんな大人たちと会って，いろんな友達たちともコミュニケーションをとって，自分が今気づいていない潜在的にある可能性や選択肢に気づくということが一番大事ではないかなと思います。つまり，徳島県に帰るか帰らないかの前に，自分の人生が結果的に豊かで幸せだったと思うことができるかどうかが一番重要だと。

　そういう文脈の中で，自分たちのアイデンティティや根っこがどこにあるのか。それは徳島県なんですね。徳島県出身の方の根っこ，アイデンティティというものは徳島県を外して語ることができない。というなかで，自分の豊かな可能性という自分の豊かな選択肢，これを知ったうえで自分の役割というものが，どういう役割を担えば徳島県というところに貢献ができるのか，恩返しができるのか，そういうことを考えていくのが非常に重要だと思っています。

　僕の例でいくと，徳島で生まれて，大学で徳島を離れて，起業して会社も上場させて，今僕は徳島と木頭と両方を行ったり来たりという状況ではあるんですけど，そんななかでキャンプ場を作ったり，雇用を創出したりとか，そういう役割というものを，僕は1人の徳島県出身の人間として，そういう役割を担ってるんじゃないかなという風に思っているんですね。

　なので，何が何でも徳島に住まなきゃいけないというふうに思う必要は僕はないと思っていて。なんだけども，結果的に最後はどこに住むのか，これは僕でも決めてるように僕の子供も必ず徳島県で育てるというふうに決めてるように，やはりアイデンティティというのは残念ながらというか本質的には，あなたが生まれた場所にあると思っているので。結果的にはどういう思いで，どこに行っていようが，徳島のことを思い続けていただくこと，これが一番僕は大事なことなんじゃないかなと思っています。

　徳島のふるさとのことを思いながら，自分の可能性を最大化すること。その2つを組み合わせて，結果自分が幸せな人生ってのはどこにあるのかというのを探求していくこと，これが一番大事な生き方なんじゃないかなと思います。

（福岡県　水流弘貴）

第5章

# 決断し・乗り越えて
# 人生の航路を
# 操る

　急激なグローバル化や情報化，少子高齢化といった急激な社会の変化のなか，将来予測が困難になっていくようになると言われるが，本当に予測は不可能なのだろうか。歴史を真摯に学び，自らの実感を振り返りながら未来を予想することは可能である。また，AIなどを駆使し，人類の英知を結集して備える人は多くいるはずだ。不安をあおり，「何か」を得ようとする何らかの策略めいた言葉にだまされず，自分の人生の航路を操ってほしいと中学生に期待する。

　そのためにも，さきが見えるようになり，「私はこう生きていきたい」という思いを支えるような教えが中学生に必要である。それを道徳科の授業で担保する。突破口の一つが「人との出会い」であるが，その機会は限られている。だからこそ，道徳科の授業の意義は大きい。そうして，「この人のこんな生き方・考え方」を道徳科の授業で出合わせるだけでなく，生き方についての考えを活性化させるよう授業を工夫することで，中学生が自分の生き方に反映させることができる。それこそが中学校道徳科の授業の使命であろう。自分の人生をイメージできる，その大海原を航海していく道徳科授業を創出した。

# 決断し・乗り越えて
# 人生の航路を操る

　プロボクサー村田諒太さんが中学時代にもった目標に焦点を当てた**「村田諒太のゴール」**。

　宮本武蔵の人生観から，自分の力を信じて乗り越えていくモデルを学ぶ**「仏神は貴し　仏神をたのまず」**。

　率直に「なりたい大人」像を考えさせる**「なりたい大人」**。

　吉野彰さんの考える「創造の道筋」を教材化した，困難の乗り越え方のヒントを学ぶ**「100万分の1」**。

　RANDWIPの歌を教材にし，正解のない問いの解を探し求めていくことを考える**「正解」**。

　これら5本の授業で何かを探し求めて乗り越えていく姿のイメージや何らかのヒントを感じることができる。

　そして勤労について，その意義を直接問う**「働く意味」**と，自然愛護の視点での働き方**「〇〇がある水族館」**。勤労が人生を豊かにし，自己実現へと向かうことを学ぶ。

　これら7つの道徳科授業が描く人生観は，中学生の生き方に少なからず影響を与えることができる。

| 感　動 | ★★☆ |
| 驚　き | ★★☆ |
| 新たな知恵 | ★☆☆ |
| 振り返り | ★★★ |

1年
2年
3年

今を生きる自分を大切に

# 29. 村田諒太のゴール

web
5-29
授業用
パワーポイント

　2022年4月9日，村田諒太さんは最強のプロボクサーと言われたゴロフキンと死闘を終えた後，関係者の前で「中学時代の自分に言ってあげたい。今日がゴールです」という言葉を発しました。この言葉をストレートに中学生にぶつけたいというたった一つの思いで創った授業です。

**教材**

『**101%のプライド**』村田諒太：著　幻冬舎文庫

「**村田諒太，『すね毛が逆立つくらい効いた』パンチ持つゴロフキンと対戦したい**」
スポーツ報知　2018年5月2日付

「『**ボクシングにすがるしかなかった』村田諒太は人生を懸けた，ただ『強く』あるために**」
THE ANSWER　2022年4月10日付

本書で目標に掲げていた，ゲンナジー・ゴロフキン戦が決定! 2021年12月29日、**ミドル級最強を証明せよ!**

### ■ 教材の概要 ■

　本教材は，プロボクサー村田諒太さんの生き方である。世界ミドル級王者に輝いただけでなく，さらなる高みに挑む彼がめざしたのは，多感な時期を過ごした中学時代の夢であった。中学時代を生きる子どもたちに，今の大切さを実感させることができる教材である。

### ■ 授業構成 ■

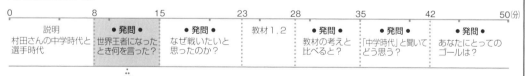

| 0 | 8 | 15 | 23 | 28 | 35 | 42 | 50(分) |
|---|---|---|---|---|---|---|---|
| 説明<br>村田さんの中学時代と選手時代 | ●発問●<br>世界王者になったとき何を言った? | ●発問●<br>なぜ戦いたいと思ったのか? | 教材1.2 | ●発問●<br>教材の考えと比べると? | ●発問●<br>「中学時代」と聞いてどう思う? | ●発問●<br>あなたにとってのゴールは? | |

**協働的な学び**　全員起立して，発表したら着席する。

### ■ 本時の授業を中心に見取った評価文の例 ■

　いつも自分はどうなのかと振り返りながら道徳授業を受けていました。特に村田諒太さんの生き方から学ぶ授業のときは，自分のゴールは何になるのかを真剣に考えながら，さらに村田さんの次の目標は何かを自ら調べてまとめていました。

協働的な学びの度合い ●●●●●　　授業準備度 ●●●●●

## ねらい

中学生の時に立てた目標が人生の方向づけをしていたという村田諒太さんの生き方を通して，中学生である今を大切に生きていこうとする態度を育てる。

A1〔自主，自律，自由と責任〕

## 準備

・『101%のプライド』 提示用
・村田諒太，ゲンナジー・ゴロフキンの写真
・教材1，2（132ページに掲載）生徒数分

## 授業の実際（3年で実施）

「ある男性が自分の中学生だった頃をこう振り返っています。中学時代，親に反発して金髪に。反抗の時間を重ねケンカもしたが，群れるのが嫌い。担任の先生が高校のボクシング部に話をして練習に通うようになるが挫折。でも，ボクシングをやりたくなり中学校3年生からジムへ。プロになりラスベガスでビッグマッチをするという夢をもちます」というエピソードを『101%のプライド』（p.70〜p.91）から紹介した。

ボクシングに興味がある生徒の一人が「井上尚弥は親が一緒に試合に臨んでいるくらいだからこの人とは違う」と発言した。

ここで村田諒太さんの写真を大きく提示した。すると数人が知っていた。「村田諒太さんです。1986年生まれのプロボクサーです。ロンドンオリンピックミドル級金メダリストになり，プロになってからは，WBA世界ミドル級スーパー王者にもなりました。オリンピック金メダルと世界チャンピオンの両方達成したのは，日本人初の快挙でした」と説明した。

### ■12017年に世界チャンピオンになったとき，リング上で村田さんはどんなことを話したでしょうか。

■教材に興味をもたせる発問である。

・感謝（親，恩師，仲間，観客）の言葉
・喜びの声
・次の目標

「そうですね。村田さんは次の目標について，『ボクシングを知っている人はわかると思いますが，自分よりも強いチャンピオンがいるので，そこをめざしていきたい』と言ったそうです」

「村田さんが，自分より強いチャンピオンと言ったのはゲンナジー・ゴロフキンさんのことです」と言って，写真を提示した。「アテネ五輪でミドル級銀メダリスト。プロ転向し，4団体統一王者にもなりました。通算成績41勝で，そのうち36回もKO勝ちをしています。1敗1分はありますが，村田さんはその試合は勝っていたと見ているので，村田さんにとっては全勝のチャンピオンなのです」と説明した。

「せっかく世界チャンピオンになったのだから，長くチャンピオンで居続けたいと思うよね。それならば強い選手とタイトルマッチをしたくないのではないかな」と投げかけて，次の問いにつなげた。

### ■2村田選手が「僕よりも強いチャンピオン」ゴロフキンと戦いたいと思ったのはなぜでしょうか。

■村田さんの人となりを知り，村田さんの考えを肯定的に受け入れる心構えを築く発問である。

全員起立させて，一人ずつ発表させていった。同じ回答を先に言われたら着席する方法で，次のいくつかの考えを引き出した。

よい面と悪い面に分けて，板書していった。

> **よい面**
> ①自分の夢を言葉にすることで自分にプレッシャーをかけて追い込んだ。
> ②プロの世界で目だちたかった。
> ③負けず嫌いな性格。
> ④本当の強さを求めていた。
> ⑤相手のことを尊敬していた。

<table>
<tr><td>

**悪い面**

⑥相当な自信家で一番になれると思っていた。

⑦チャンピオンになった勢いで，つい調子に乗ってしまった。

</td></tr>
</table>

「よい面としてとらえている人が多いですね。ゴロフキンと戦いたいと考えた理由が示されているニュース記事が２つありました」と言って，教材１，２を配付した。

### ❸ 教材１，２で示された理由は，皆さんが考えた理由のなかにありましたか。

■教材をしっかり理解させる発問である。

２分間考えさせた後，挙手で発表させた。

教材１は，「⑤相手のことを尊敬していた」と関係しているという意見が出た。

教材２は，「②プロの世界で目だちたかった」「③負けず嫌いな性格」「④本当の強さを求めていた」の３つが当てはまるという意見が出た。また，「⑥相当な自信家で一番になれると思っていた」も数人が推してきた。

「そのような村田さんですが，2022年4月9日，さいたまスーパーアリーナでついにゴロフキンとの対戦が実現しました。試合は前半よい立ち上がりをするも，だんだんとゴロフキンのペースになり，９ラウンドでTKO負けをしました」

「試合当日の深夜，集まった関係者の前に現れた村田さんは，マイクを握り次のように言いました」

「 中学時代 に世界一をめざして，本当に世界一になれました。逃げずに嘘をつかず，成

し遂げられたことを 中学時代 の自分に言ってあげたい。今日がゴールです」と 中学時代 の文字を隠して提示した。

「ここの □□□□□□ には何が入るかというと……」

と言った後に，「中学時代」という文字を提示した。

### ❹ 主 深 村田選手の「中学時代」という言葉を聞いてどう思いましたか。

■村田さんの思いを自分に重ね合わせることで，「今」の大切さに気づかせるための発問である。

隣同士で話させ，その様子を把握したうえで意図的に数名を指名して発表させた。

・人間の思いは何年もずっとつながっている。

・中学時代のことをよく覚えている。

・自分のことをよく分析している。

・よほど中学時代に大きな経験をしていて，中学時代への思いが強い。

これらの発表を大きめに板書していった。そして「今，まさに皆さんも中学時代だね」と投げかけた。

### ❺ 主 あなたにとってのゴールは何になるのでしょうか。

■前の問いを受けて，今だけでなく自分の人生をかけて追っていくのかも，目標について意識させたり，考えさせたりする発問である。

これは交流をさせずに，ワークシートに記入させた。職業を書いている生徒には，その職業についてどういうことをしたいかを聞いていった。

・今は水泳をしているが一生をこれにかけるのかというとそうではないと思う。まずは，よい大人になりたい。

・医者になりたいが，医者になるだけでなく，人が苦しまない治療ができるような患者さん思いの医者になることがゴール。

・ゴールと言われてもまだわからないが，私の親のように，家族のことを大切にする大人になることが今考えられるゴール。

**教材**

## 教材1 「村田諒太，『すね毛が逆立つくらい効いた』パンチ持つゴロフキンと対戦したい」 スポーツ報知　2018年5月2日付

https://hochi.news/articles/20180501-OHT1T50230.html?page=1

（前略）

　村田は2014年7月にゴロフキンの米合宿に参加し，スパーで対峙（たいじ）。大振りのフックを後頭部付近に受け「すね毛が逆立つような気持ちになるくらい効いた」と衝撃を受けた。

　当時プロ1年目の自身や帯同した報道陣にも紳士的に接してくれて感激。V3戦として年内に東京ドームでの対戦構想も浮上しており「強いし，かつクリーンな選手。だからやりたい。具体的にどう戦うか頭に浮かんでいる」と心待ちにした。

（後略）

## 教材2 「『ボクシングにすがるしかなかった』村田諒太は人生を懸けた，ただ『強く』あるために」

THE ANSWER　2022年4月10日付　THE ANSWER編集部・浜田洋平

https://the-ans.jp/column/234320/2/

（前略）

　世界的に層が厚く，とてつもない猛者（もさ）が揃（そろ）うミドル級。17年10月に初めて世界王座に就いたが，WBA世界ミドル級の「正規王座」だった。さらに上の「スーパー王座」に君臨していたのがゴロフキン。世界には4団体があり，王者たちの中でも村田は格下とされてきた。

　「実際，米国で自分の名前が売れているかと言われたら，『WBAのレギュラー（正規）なの？　ふ～ん。カネロ，ゴロフキンと違うだろ。あいつらがトップだろ』と思われている。第1の男，第2の男，第3の男でもないという自分の立場を見ると，反骨心が湧いてくる」

　18年10月，2度目の防衛戦でロブ・ブラント（米国）に敗れた。1200発超のパンチを浴びる完敗。直後は引退するつもりだった。聖地ラスベガスで晒（さら）した弱い自分。「あのボクシングが集大成でいいのか。それは嫌だ。後悔したくない。自分に永遠に嘘（うそ）をつくことはできない」。9か月後に感動の王座奪還。やっぱり，強くありたかった。

　だから，今回のビッグマッチが決まった時に強調した。

　「彼を倒して僕が最強だと証明したい。やっぱりカッコいいとか何とかって，僕の中ではクソどうでもいい。強いのを見せたいんですよ。自分がボクシングを始めたガキの頃の気持ち。それを思ってボクシングを始めた。別に顔のカッコよさ，頭のよさとかは人より下でいいわけです。でも，強いのを見せたくて自分はやってきた」

（後略）

（熊本県　桃﨑剛寿）

**1年**
**2年**
**3年**

自分にできる努力をやり遂げる

# 30.仏神は貴し 仏神をたのまず

| 感 動 | ★★☆ |
|---|---|
| 驚 き | ★☆☆ |
| 新たな知恵 | ★★☆ |
| 振り返り | ★★★ |

web
5-30
授業用
パワーポイント

　情報が氾濫してその流れに押されてしまい，実感ある日々を過ごすのが難しい時代になってきました。そのなかで自分の生き方を考えさせる「座右の銘」について考えさせることはこれからはますます意味があることでしょう。教師が大切にしている座右の銘を伝え，大切にした生き方を求める姿を見せるような道徳授業を創りました。

 **『五輪の書』** 宮本武蔵

### ■ 教材の概要 ■

　宮本武蔵は江戸時代初期の剣術家，兵法家，芸術家である。二刀流で有名で，吉岡一門との戦いや巌流島での佐々木小次郎との決闘が有名である。武蔵が自身の生き方を21カ条に記した紙「獨行道」は，死去の7日前に弟子に兵法書『五輪書』と共に与えたとされている。そのなかの「仏神は貴し 仏神をたのまず」は武蔵の生き方をよく表したものであり，自分への厳しさは今の時代にも通じる教えである。

### ■ 授業構成 ■

| 0 | 6 | 10 | 14 | 24 | 34 | 43 | 46 | 50(分) |
|---|---|---|---|---|---|---|---|---|
| ●発問●<br>お参りに行くことは？ | 説明 | 教材1 | ●発問●<br>どう回答する？ | ●発問●<br>どんなよい効果？ | ●発問●<br>武蔵はどんな人？ | 教材2 | ●発問●<br>あなたの「座右の銘」は？ | |

**協働的な学び**　グループ協議してロイロノートで共有する。

### ■ 本時の授業を中心に見取った評価文の例 ■

　道徳授業の学びでは，自分の生活によく照らし合わせて考えていました。普通の習慣のなかでも，油断しない生き方を宮本武蔵の言葉から学んでいました。

協働的な学びの度合い ●●●●●　　授業準備度 ●●●●●

## ねらい

宮本武蔵の人生観を通して，人間の力を超えたものを貴びながらもそれに頼るばかりでなく，自分の力で乗り越えていく強い意志を大切にする態度を育てる。

A4［希望と勇気，克己と強い意志］

## 準備

・教材1（136ページに掲載）提示用
・教材2（136ページに掲載）生徒数分
・宮本武蔵の肖像画の画像

## 授業の実際（3年で実施）

「皆さんのなかでいちばん信心深い人は誰かな。かばんにお守りをつけている人がいますね。どうして」
と聞くと，指名された生徒は「健康とか交通安全とか，学業とか，いろいろあるけれど何かお願い事をしているから」と答えた。

そして，最初の問いをした。

### ■合格祈願や必勝祈願など，何かお願いをしに，どこかに行ったことがありますか。

■教材への関わりを確認し，興味を高める発問である。

日常的な風習ではあるが，厳密に言えば宗教的なことに関わるので，挙手させたり，全体の前で発表させることはしない。そこで，教師が自分の体験や一般的な話をしていく。

「私は初詣に家族でお正月に行きますが，子どもが高校受験や大学受験の前には，合格のお願いをしましたね。いつもなら，家族の健康や勤務している学校の安全を祈りました。仏教を信じる人は仏様にお願いしにお寺に行くでしょうし，キリスト教を信じる人は神様にお願いしに教会へ行くのではないでしょうか」と説明した。

続けて，合格祈願や必勝祈願で有名な場所の紹介を教材1を使って行った。このことで

イメージを共有できた。

ここで，ネットの掲示板を真似て作成した次のシートを提示した。生徒はすぐに「手づくり」ということはわかった。

---

Yahoo! 知恵袋
回答受付中の質問

 mo＊＊＊＊＊＊＊＊

中体連大会を目前にした中3生です。シュートの精度を高めるため少しでも練習時間を確保したいのですが，部員の多くが「大会前に必勝祈願で有名な〇〇神社にお参りに行ってきたよ」と言ってくるのです。私は少しでも練習をしたいのが本音。神様にお願いする時間があったら練習したいんですよね。私の考えはおかしいでしょうか。

---

### 2 ㊗あなただったらこの相談者にどんな回答をしますか。

■自分事で考えるため，切実感を与える発問である。

ペアで2分間話し合わせた。その後，どのような回答があったか，意図的に指名して答えさせた。

・神様がチームを見守ってくれるような気がするから，シュートも運が味方するかもしれないから，行った方がいいと思うよ。
・ご利益がないと思っているんだったら，無理に行くことはないよ。でも必勝祈願で有名なところだったら行ってもいいんじゃないの。
・練習が好きなんだね。いいと思うよ。

「いろいろな考え方やアドバイスができそうですね。結局，行った方がよいと言いますか。行かない方がよいと言いますか」と確認すると，行ったほうがよいという考えが多かった。

### 3 合格祈願や必勝祈願などをすると，どんなよい効果があるでしょうか。

■奥底にある人間の心情を多面的に考え

させる発問である。

　ワークシートに書かせた後に，全員起立させて，理由を一つずつ発表させた。同じ理由がなくなったら着席させる。

　・神様や仏様が力を貸してくれそうだから。
　・神様や仏様に力があるかどうかはわからないけれど，少し安心感が生まれる。
　・自分のやる気をお願いという形で言葉にすことで後に引けなくなり，努力をするようになるから。
　・大切にしたいことや目標がはっきりするので，それに集中できるから。
　・外に出ると気分転換になる。
　・仲間と行くと仲間意識が強くなったり，その後支え合ったりするから。
　・人生の節目の思い出になるから。

　「神様や仏様を信じている人は，ご利益があると思うんだね。それ以外にもいろいろなメリットが考えられそうですね」と，生徒の発表を評価した。

　「このことについて考えを述べている人がいます」と言って，宮本武蔵の肖像画の画像を見せた。学校から割と近くにある島田美術館に貯蔵されているもので，直接見ている生徒も数名いた。

　次を，〔　　〕の部分を抜いて板書した。

仏神は〔 貴し 〕　仏神を〔 たのまず 〕

　最初の枠に「貴し」と書き込み，「宮本武蔵は仏様や神様は尊いものだと大切に思っているんだね」と確認した。後の枠に「たのまず」と書き込み，「一方で，仏様や神様を頼りにしないと言っているんですね。尊いんだけど頼らないということです。この言葉は，「獨行道」という，宮本武蔵が自身の生き方を記した紙に記されていた言葉です」と，説明をした。

**4 対 探 このような言葉を残した宮本武蔵はどのような人だと思いますか。**
　■関心の度合いの優位を考えることで，それぞれの感心する要素を深く考えさせる発問である。

　ワークシートに記入させた後，4人班で話し合わせた。4人の意見をロイロノートにまとめて，8つの班の意見を電子黒板で共有した。そして，すべての班に発表させた。次のような発表がなされた。

　・強い信念をもった人
　・勝負に徹している人
　・自分ができることをしっかりする人
　・油断をしない人
　・神様や仏様を軽く見ていない人
　・自分に厳しい人
　・責任感が強い人
　・ベストを尽くすことに全力を注いでいる人

　ここで教材2を配った。「宮本武蔵が決闘に向かう途中，神社の前を通ったとき，普段はやらない勝利祈願をしようとしたが止めたという，作家吉川英治により創作された小説からです。武蔵の生き方を『仏神は貴し　仏神をたのまず』という言葉に結びつけて表現しようとして創作されたのかもしれませんね」と話をした。

　「座右の銘」と板書し，「常に自分の心にとめておいて，戒めや励ましとする格言のことを『座右の銘』と言います。『仏神は貴し　仏神をたのまず』という言葉は私の座右の銘です。先の問いで皆さんが考えたような人になりたいなと思っています」と説明した。

**5 主 あなたにも自分を鼓舞するような座右の銘はありますか。それはどんな言葉ですか。**
　■自分の座右の銘を考えさせ，自分の生き方や価値観を見つめさせる発問である。

　ワークシートに書かせた。タブレットで検索させて調べさせたりもした。また，それを選んでいる理由も加えさせた。

　・「初心忘れるべからず」親によく言われるから。
　・「一生懸命はカッコイイ（校内に掲示してあるキャッチコピー）」勉強や部活動で努力しているところをほめてもらえるから。

　ほかにも人気歌手の歌詞やマンガのセリフを選ぶ生徒も多かった。

**教材1　合格祈願で有名なパワースポット情報**

### 1　太宰府天満宮（福岡県太宰府市）

　菅原道真を祭神として祀っている神社。菅原道真は学問の神として広く知られており、年間に1000万人もの参拝者が訪れている。

➡ 太宰府天満宮のウェブサイト

### 2　釣石神社（宮城県石巻市）

　神社にある巨石が1978年宮城県沖地震にも耐えたことから「落ちそうで落ちない受験の神」として人気が上がった。さらに、2011年の東日本大震災にも耐えたことからますます人気が上がり、全国から合格祈願者のお参りが続いている。

➡ 釣石神社のウェブサイト

### 3　上野大仏（東京都台東区　東叡山寛永寺）

　江戸時代初期に建立された上野大仏は、たびたび罹災し、その都度復興されてきた。関東大震災で顔が落ち、戦中には、軍に胴体を徴用され、顔の前面だけが戻されたという。「これ以上落ちない合格大仏」として、合格祈願に訪れる受験生が多い。

➡ 東叡山寛永寺のウェブサイト

**教材2　仏神は貴し 仏神をたのまず**　『宮本武蔵』吉川英治：著（風の巻　生死一路三、四）より授業者が要約

　宮本武蔵は決戦へと向かう途中、鳥居を見つける。神社だ。武蔵は拝殿の前へ駈けて行くなりそこへひざまずいた。何神社かも考えず無意識にべたと両手をついていた。大きな力を味方にもったような気がした。自分のうしろには神があるとする強味である。鉢巻を締め、拝もうとしたのだ。

　そのとき、「いや！ 待て」と止めた。「自分は今、ここへ、なにを願おうとしたのか。常々から死を覚悟していたではないか」と、われを叱る。それが今、計らずも、手はわれを忘れて鈴を振り鳴らそうとしている。「過った！（死を覚悟していたつもりだが、）生きたいとする血もうずいていた。この期になって神の力を恃もうとしていた。無意識だから、なおいけないのだ！」憐むべき自分の素質を考えるほかなかった。

　しかし、まだ幸いにも戦いには入っていない。一歩前だ。悔いは同時に改め得ることだった。それを知らしめてくれたものこそ神だとおもう。彼は、神を信じる。しかし、「さむらいの道」には、たのむ神などというものはない。神をも超えた絶対の道だと思う。さむらいのいただく神とは、神を恃むことではなく、また人間を誇ることでもない。

　神はないともいえないが、恃むべきものではなく、さりとて自己という人間も、いとも弱い小さいあわれなもの ―― と観ずるもののあわれのほかではない。

　武蔵は、一歩退って、両手をあわせた。しかし、その手は先の手とは違ったものであった。そしてすぐ、神社の境内から、細い急な坂を駈け下りて行った。坂を降りきった山裾の傾斜に決戦の場はあった。

（熊本県　桃﨑剛寿）

| 1年 |
| 2年 |
| 3年 |

自分の理想とする生き方

# 31.なりたい大人

| 感　動 | ★★☆ |
| 驚　き | ★★☆ |
| 新たな知恵 | ★★☆ |
| 振り返り | ★★☆ |

web
5-31
授業用
パワーポイント

「将来，あなたはどんな大人になれたら幸せですか？」。中学生では，将来の自分の姿を何となく想像することはあっても，明確に文章にしたことはないのではないかと思います。カッコいいなと思える大人を考え，素直に自分の心と向き合い，文章として表現することで，「どうありたいか」という人生の指針を見つけるきっかけになればと思い，この授業を創りました。

## 『中学生の頭の中身をのぞいたら，未来が明るくなりました。』
なりたい大人研究所：編　KTC中央出版

### ■ 教材の概要 ■

　中学生は，自分のことを知り，将来「どうありたいか」を考える時期である。それは「なりたい大人」像について考えることでもある。

　『中学生の頭の中身をのぞいたら，未来が明るくなりました。』に掲載されている今を生きる中学生の言葉は，大人の背中を見て育った，リアルな子どもの声だ。その真っすぐで純粋な言葉は，「どうありたいか」と悩む中学生の心にきっと届くはずである。

　また私たち大人にも，子どもの「なりたい大人」になれているか，と自分を見つめ直すキッカケをくれる教材となっている。

### ■ 授業構成 ■

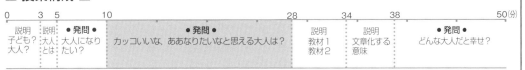

| 協働的な学び | ブレインストーミングで自分の考えを表出させ，KJ法（情報をカードに書き，系統ごとに分類してデータを整理，分析する手法）で意見をまとめていく。 |

### ■ 本時の授業を中心に見取った評価文の例 ■

　班活動を通して「カッコいいな」「ああなりたいな」と思える大人を考え，自分の「なりたい大人」像について具体的にワークシートに書いていました。

協働的な学びの度合い ●● ● ● ● ● 　　授業準備度 ●●● ● ● ●

## ねらい

大人について考えることを通して、「人としてどうありたいか、何が大切か」に気づき、自分で考えた「なりたい大人」像に近づいていこうとする態度を育てる。

D22［よりよく生きる喜び］

## 準備

・教材1　本校職員が考えた大人観（140ページに掲載）掲示用
・教材2　『中学生の頭の中身をのぞいたら、未来が明るくなりました。』から中学生作文（140ページに掲載）掲示用
・作文用紙　生徒数分

## 授業の実際（2年で実施）

中学生は子どもとして扱われることがある一方で、大人として扱われることもある。それを確認するために、「まだ子ども（中学生）でしょ！ と言われたことはありますか？」「もう大人（中学生）なんだから！ と言われたことはありますか？」という質問をした。

子どもに関しては、「スマホを欲しいと言ったとき」「課金したいと言ったとき」、大人に関しては「部屋の片付けをしなかったとき」「手伝いをしなかったとき」などの発言があった。「みんなは子どもだったり、大人だったり微妙な年頃なんですね」とまとめた。

次に「大人の年齢が変わったことを知っていますか」とたずねるとほとんどの生徒が、成人年齢が18歳に引き下げられたことを知っていた。ここで、「成人年齢の引き下げで変わること・変わらないこと」（政府広報オンライン）を確認して最初の発問をした。

### ◾️早く大人になりたいですか。

■教材への興味を高める発問である。

挙手で傾向を確認後、数名の生徒を指名しその理由を発表させた。

**なりたい…2人**
・お金を稼いで、好きなことに使いたいから。
・大人は子どもよりも自由そうだから。

**なりたくない…29人**
・責任を負いたくないから。
・仕事ばかりしていて疲れそうだから。
・いやなこともしないといけないから。
・子どもの方が楽しいと思うから。

悲しいことに多くの生徒は早く大人になりたいとは思っていないこと、その理由として、大人の印象が「疲れている」「仕事ばかりしている」など、ネガティブなイメージが関係していることがわかった。

「みんなは早く大人になりたいとは思っていないようですね。ですが、18歳になればみんな大人になります。そして、どんな大人になるのかが大切ですね」と言い、授業のテーマを示した。

> **テーマ**
> どんな大人になりたいか考えを深めよう

「さきほどの早く大人になりたくない理由では、大人に対してネガティブなイメージがあげられました。では、大人に対してポジティブなイメージとしてはどのようなものをもっていますか」と言って、次の発問をした。

### ◾️ 主 対 「カッコいいな」「ああなりたいな」と思える大人とは、どんな大人ですか。

■自分の課題に対する考えを表出させ、その後の交流への準備をさせるための発問である。

ここでは、ブレインストーミングを行った。「書けない子」「おとなしい子」にも考えをもたせるために、ブレインストーミングの説明時に次のことを強調した。

①思いつきで大丈夫。
②「何となく」もOK!
③思いついたことをどんどん書いていこう。
④どんな考えも否定しない。

ブレインストーミングは質よりも量を重視する拡散的な交流活動なので、一部の活発な生徒だけでなく、全員の参加を促したいとい

う意図があった。付箋に書かせた。

・人のために行動できる大人
・世話上手な大人
・好きなことに打ち込めている大人
・仕事をがんばってお金を稼いでいる大人
・どんな人からも信頼される大人
・誰にでも優しい大人
・お金の管理を自分でできる大人
・意見をしっかり伝えることができる大人
・どんなに地位が高くても，人を見下さずに尊重して，気遣いができる大人

　私の想像よりもはるかに多数の理想の「大人像」が出されていて，机間巡視をしながら「そうだね」「なるほど」と声をかけていった。リストアップが終わった後，班をつくり今度はKJ法で考えを整理した。授業の終末で拡散した考えを収束させるために必要な手順である。次のことを指示した。

　①出た考えをみんなで確認する。
　②似た考えや共通点の多い考えをまとめる。
　③まとまりにタイトルをつける。

　この作業により「大人」を多面的・多角的に考えることができる。整理に10分間をとり，まとめ終わったらタイトルをロイロノート提出箱に提出させ全体で共有した。

　共有が終わると「さて，今みんなに『大人』を考えてもらいました。ここで『大人』が『大人』をどう考えているか紹介したいと思います」と言った。

　続けて「実は，みんなの身近な大人にも『大人』を聞いてみました」と言い，教材1のそれぞれの先生の考える「大人」を紹介した。

　「なんか○○先生のわかる気がする」「▲▲先生言いそう！」と声があがった。

　「さて，ここまででみんな（子ども）が考える大人と大人が考える大人を考えてきましたが，どんな大人になりたいか，少しはみんなのなかに『大人像』はできてきましたか」と今日のテーマをもう一度確認した。

　そして，「今回の授業にぴったりなこんな研究所を見つけました」と言って，学校法人KTC学園屋久島おおぞら高等学校とおおぞら高等学院が共同運営している研究所である「なりたい大人研究所」と，その取り組みで

ある「なりたい大人作文コンクール」について紹介した（2019年夏）。応募のあった1万7353名の作文から105名の「なりたい大人」が掲載された書籍『中学生の頭の中身をのぞいたら，未来が明るくなりました。』から1点作文（教材2）を読み上げ，脳科学者であり屋久島おおぞら高等学校長である茂木健一郎氏の言葉を，その公式ウェブサイト (https://www.naritaiotona.com/) から紹介した。

---

中学生は，自分のことを知り，将来やりたいことにつなげていく大切な時期です。それは自分と出会うことであり，そのためにも「なりたい大人」について考え，文章を書くのはとてもいいことです。脳の前頭葉が自分はこういう人だと認識するプロセスを，書くことが助けてくれます。（後略）

屋久島おおぞら高等学校
茂木健一郎校長

---

　「みなさんの夢を大きく膨らませること，自分というかけがえのない存在をよく知り，自分と出会うことにつながるね」と説明を加えた。そして，最後の発問をした。

### ❸ 主 将来，あなたはどんな大人になれたら幸せですか。

■自分なりの答えをもたせるための発問である。

　200字の作文用紙を配付した。文字数にこだわる必要はないこと，細かい文法や書き方は気にしなくていいことを説明した。また，作文書きで生じる時間差を利用して，書き終えた生徒同士で作文を交換し，コメントを書き入れることを指示した。

　ほとんどの生徒がどんな大人になれれば幸せか，またそう考えるのはなぜかをしっかりと自分の言葉で書くことができていた。

　作文交換では，真剣に友達の作文を読む姿と，素直にその実現を応援するコメントを書き入れる姿が見られた。クラスがお互いを認め合う温かい雰囲気ができていた。

　そして，授業を終えた。

## 教材 教材1　本校職員が考えた大人観 （授業者作成）

| | |
|---|---|
| 松本先生 | 他者との調整能力を身につけた人 |
| ○○先生 | 言い訳をしない人 |
| △△先生 | 自覚と責任をもち，堂々と生きる人 |
| □□先生 | 夢を追い続ける人 |
| ●●先生 | お金を稼ぐ人 |
| ▲▲先生 | 社会的・経済的に自立した人 |

## 教材2　『中学生の頭の中身をのぞいたら，未来が明るくなりました。』
なりたい大人研究所：編　KTC中央出版　p.96

大人と子供には明確な定義はないと思っていた。でも，僕は気付いてしまった。一度は大人が口にするこんな言葉を聞いたことはないだろうか。「昔は〜だった」「あの頃は〜」。よく考えてみると子供はそんなことは言わない。逆に「将来の夢」とか，「〜になりたい」など，未来志向な言葉を使う。両者を比較してみると大人には輝きがない。僕はこれからも光り輝く夢を持ち，その夢をいつまでも追いかける大人になりたい。

失わせた光とレーザービーム
中学3年　東京都

（熊本県　松本聡一郎）

1年

2年

3年

創造の難しさをこうとらえてみては

# 32. 100万分の1

| 感　動 | ★★☆ |
| 驚　き | ★★☆ |
| 新たな知恵 | ★★★ |
| 振り返り | ★☆☆ |

**web**
5-32
授業用
パワーポイント

　科学者が発明をしていく過程はどれだけ大変な道のりなのでしょうか。その度合いを天文学的な難解度ではと思っていたとき，ノーベル化学賞を受賞した吉野彰さんの考えを知りました。すると，達成するのに難しい確率でも，考えようでは不可能なことではないと思えるようになりました。創造の一つのヒントになると考え，この授業を創りました。

**教材** 『リチウムイオン電池が未来を拓く
発明者・吉野　彰が語る開発秘話』
吉野　彰：著　2016年　シーエムシー出版

### ■ 教材の概要 ■

　2019年ノーベル化学賞を受賞した，リチウムイオン電池の発明者・吉野彰さんが開発当時の秘話を語っています。その素顔や研究へのこだわり，考え方についてたとえ話を使いながら説明されているので，中学生にもわかりやすくまとめられています。内容項目A5「真理の探究，創造」について扱うのに適した教材です。

### ■ 授業構成 ■

| 0 | 7 | 12 | 17 | 22 | 27 | 32 | | 45 | 50(分) |
|---|---|---|---|---|---|---|---|---|---|
| 説明 吉野彰さんについて | ●発問● 成功の確率？ | ●発問● 100万分の1に挑戦してみたい？ | ●発問● 10分の1なら？ | ●発問● 時間やお金をかけてよいなら？ | 説明 教材 | ●発問● 6回続ける秘けつ？ | | | 終末 教師の説話 |

**協働的な学び**　4人班で話し合い，共通点や相違点を学び合う。ロイロノートで共有する。

### ■ 本時の授業を中心に見取った評価文の例 ■

　創造のヒントを学ぶ授業では，難しい研究を進める途中に大事な場面があり，そこに全力をかけることの大切さに気づき，自分の長所である粘り強さは生きてくるのではないかと，自分を見つめ直していました。

協働的な学びの度合い ●●●●●●　　授業準備度 ●●●●●●

## ねらい

　吉野彰さんの考える「創造の道筋」を通して，創造することの難しさがとらえ方次第で緩和されることに気づかせ，そのなかで何が必要か考えて進んでいこうとする態度を育てる。　　　　　　Ａ5［真理の探究，創造］

## 準備

・NHKのウェブサイト「ノーベル賞って，なんでえらいの?? 2020 リチウムイオン電池ってなに？」
https://www3.nhk.or.jp/news/special/nobelprize/2020/lithium/
・『リチウムイオン電池が未来を拓く』 p.151（143ページに一部掲載）提示用
・説話（144ページに掲載）提示用

## 授業の実際（3年で実施）

　「最近の日本人でノーベル賞を受賞したのは誰か覚えていますか」とたずねると，吉野さんの名前をあげた生徒が出てきたので，吉野彰さんの写真を大きく提示した。「2019年吉野彰さんはノーベル化学賞を受賞しました。リチウムイオン二次電池の開発をされました」と説明した。

　上記のNHKのウェブサイトを見せながら，リチウムイオン電池の仕組みを簡単に説明した。

**1** 吉野さんは，世界に通用する独創的な新規商品，新規事業を開発できる成功確率はどれくらいと思っているのでしょうか。次の3つから選びましょう。①1/2 ②1/1000 ③1/1000000
■発明の難しさを感じ取らせるための発問である。

　「思いつき，ひらめきといったアイデアの段階から実のある成果，すなわち企業が収益を上げられるようになったり，社会に貢献できるようになったりするまでつながる確率です」と補足した。ますます，「難しそうだ」と

いう表情になっていった。

　挙手をさせると，数人が②を選んだが，多くが③を選んだ。100万分の1について，「3年間で約1000日。3000年で約100万日ですね。毎日1回すると3000年かかるという数です」とイメージをもたせて次の問いを行った。

**2** 100万分の1の確率で成功するような挑戦があったとしたら，やってみたいと思いますか。
■確率が高くなればやってみようという気持ちが高まることを実感させる発問である。

　やりたいか，やりたくないかで挙手させた。「やりたくないという否定的な意見がほとんどですね」と言って，理由も発表させていった。
やりたい…3人
・気ままにするのならばいい。
・1回くらいやってもいい。
・好きなことならできるかもしれない。
やりたくない…28人
・ほとんどゼロなのでしない。
・とても続かない。
・専門家の方に任せる。
・失敗に終わりそうなので避ける。
　「確率が低いことがネックのようですね。それではグンと確率を上げてみます」と言って次の問いをした。

**3** 10分の1の確率で成功するような挑戦だったら，やってみたいと思いますか。
■確率が高くなればやってみようという気持ちが高まることを実感させる発問である。

　挙手させると，やりたい生徒が23人，やりたくない生徒が8人であった。「やりたいという人が増えましたね。それでもやりたくないのはなぜでしょうか」と言って，やりたくない方に挙手した生徒に理由を言わせた。
・それでも10分の9は失敗するので，成功したときのメリットを考えてから，やるかどうか決めたい。
・10分の1はまだまだ低い数。

・合格率10分の1と言われたら，無理だと言われているようなもの。そのことを考えるとやはりやりたくない。

・失敗したくない性格だから。

「確かに，10分の1としても，まだ低い確率ですね。それでは次のような状況であることを加えます」と言って，下記を示した。

> ここに10のルートがある。この中から正しいルートを一つ選びなさい。期間は2ヶ月，経費は1000万円。この範囲内であれば海外に調査に行ってもよい，調査会社にサーチを頼んでもよい，ありとあらゆる手段を使っていいから，10の中から正しいルートを一つ選びなさい。『リチウムイオン電池が未来を拓く』p.151より

**4** 🔲このように，時間をかけてよいし，お金もかけてよいという条件で，10分の1の確率で成功するような挑戦があったとしたら，やってみたいと思いますか。

■さらに，確率が高くなればやってみようという気持ちが高まることを実感させる発問である。

挙手させると，やりたい生徒が39人，やりたくない生徒が2人であった。やりたいと考えた生徒に理由をたずねると，「それだけ力を入れられるならばできそう」「全部自分でやらなくてもいいならばよいと思った」などの発表があった。

2人の生徒に理由をたずねると，「これだけのプロジェクトだったら責任も大きいだろうから」「かなり大変な仕事のようだからやりたくない」と発表があった。

そして，次の計算式を板書し，右辺の分母が100万になっていることを確認した。

$$\frac{1}{10} \times \frac{1}{10} \times \frac{1}{10} \times \frac{1}{10} \times \frac{1}{10} \times \frac{1}{10} = \frac{1}{1000000}$$

「この『10分の1の確率で成功するような挑戦』を6回成功させると，100万分の1の成功をすることになります」と説明した。「ど

う思いますか」と指示をして交流させた。そして，「日本人は1億2000万人と考えると，120人に1人というと100万人。日本人の120人に1人が$\frac{1}{10}$の挑戦を6回行って100万分の1に挑戦すれば，1人成功するね」と補足説明を加えた。

2人の生徒が「100万回と言っても，6回でいいんだと思った」「大きな研究にも数回のヤマがあって，それをクリアできると成功するんだと思った」と感想を発表した。

そして，最後の問いをした。

**5** 🔲🔲この「10分の1の確率で成功するような挑戦」を6回続けるには，何が必要でしょうか。

■成功への秘けつを考える本時のねらいに迫る発問である。

個人で考えさせた後，4人の班をつくりお互いに発表させた。4人の中で似ている意見を見つけさせ，赤色でアンダーラインを引かせた。ほかとは異なる視点の発表も見つけさせ，波線でアンダーラインを引かせた。また，いいなと思った意見は，赤色で自分のワークシートに加えさせた。

そして，ロイロノートで「ほかの班に紹介したいこと」をまとめさせ，8つの意見を共有した。

・その挑戦に「情熱」があればできると思う。

・絶対に成功させたいという強い気持ち。

・夢をもつこと。

・「好きなこと」だったらできると思う。

・6回くらいやれば成功するという見通し。

・1人ではできない。力を貸してくれる，協力してくれる人が必要。

・研究のための資金と時間は必要。

・長い時間が必要で，ずっと続けていく根気が必要。

複数の生徒が「10分の1でも大変だ」という考えがあったので，時間をかけること，情熱をもち続けることの大切さについて，自身の経験（大学院時代の数学研究）を説話して，授業を終えた。

**説話** （授業者自身の経験）

　今日は吉野彰先生の考えである，「100万分の１の難しさも，10分の１の成功を６回重ねることでできるのではないか」ということから，創造することについて考えましたね。その中で，「長い時間，継続して取り組むこと」をあげた人もいました。科学者の方たちは，それこそ何十年と研究を続けていくのでしょうね。

　私のお話をします。大学を卒業したあと，好きな数学をもっと研究したい，勉強したいと思って，２年間大学院で数学を学びました。たった２年間でしたが，一日中数学のことを考えるという生活を２年間したわけです。

　当然，壁に突き当たります。どうしても理解できない問題に出合いました。何か月かけてもわからない。そこから前に進まないのです。夢の中でも，その問題を考えていることがありました。

　ところがある日，高校の同級生にたのまれ，地域のお祭りに一日参加することがありました。朝早くから行列をして，昼間は熊本城で休憩です。お祭りの神様には申し訳なかったのですが，そこでもわからない問題のことをずっと考えて地面に数式を書いていました。

　すると，今考えてみたら神様が「かわいそうに，救ってあげよう」と思われたのでしょうか，土に数式を書いている私にひらめきが下りてきたのです。そう，あのずっとわからなかった問題の解がわかったのです。

　土の上で求めていた数式を書きました。わかった！　しかしその場にはノートもない。壮大な数式を必死に記憶し，祭りが終わり次第，研究に向かったのでした。

　大学院時代の大きな研究の成果は，数学の重要な定理が成立する具体的な集合を見いだしたこと（今回の説話でふれたこと）と，書籍の中の誤りを見つけて，反例をあげて証明したことの２つでした。いつもずっと思い続けると，ひょいとクリアする瞬間があるのです。

（熊本県　桃﨑剛寿）

## 答えのない問いを，どう解く？

# 33. 正解

| | |
|---|---|
| 感　動 | ★★☆ |
| 驚　き | ★☆☆ |
| 新たな知恵 | ★★☆ |
| 振り返り | ★★★ |

web
5-33
授業用
パワーポイント

　新しい学年の最初の道徳の授業。この授業の印象は，これからの授業に対する生徒の期待感につながります。１年のなかでも特に大切にしたい授業です。「自分で考えること」「友達と交流し，多様な視点で物事を考えること」を通して，「何で？」「どうして？」と知的な関心や好奇心を抱かせることのできる授業です。

**教材**

## 『答えのない道徳の問題 どう解く？』

やまざき ひろし：文
きむら よう・にさわだいら はるひと：絵
ポプラ社

### ■ 教材の概要 ■

　「ついていい嘘とついてはいけない嘘ってどんな嘘？」「殴られても蹴られてもいないのに，痛いって感じるのはなぜ？」。これらの問いに「正解」はない。あるとすれば自分自身が納得して出す正解，「納得解」だけだ。そしてある問いに対して自分で考え，ときには友達と一緒に考えながら「納得解」を見つけていく時間が，道徳の時間である。しかし，答えがすぐに出る問いばかりではない。長い時間をかけて考えるものもある。ロックバンドRADWIMPSの楽曲「正解」はそんな正解のない問いに，「人生をかけて向き合っていこう」「ときには悩み苦しむこともあるけれど，自分で導き出した正解には価値があるんだよ」と中学生の背中を押してくれる内容となっている。

### ■ 授業構成 ■

| 0 | 5 | 10 | 18 | 32 | 44 | 50(分) |
|---|---|---|---|---|---|---|
| 説明 正解とは | 説明 問題の正解は？ | ●発問● いい嘘と悪い嘘？ | ●発問● 痛いと感じるのはなぜ？ | 説明 RADWIMPS「正解」を視聴する | ●発問● 大切で，正解のない問いは？ | |

**協働的な学び**　ペア交流，立ち歩き交流により，交流のよさを知る。

### ■ 本時の授業を中心に見取った評価文の例 ■

　「正解」の授業では，正解のない問いに対して「納得解」を出すことが大切だと気づき，自分だけの「納得解」を見つけたいとの強い思いをワークシートに書いていました。

協働的な学びの度合い ●● ● ● ● ●　　授業準備度 ●●● ● ●

## ねらい

社会には正解のない問いがたくさんあることを知り，自分だけの正解，「納得解」を探し求めていきたいという意欲を高める。

A5［真理の探究，創造］

## 準備

・教材1 『答えのない道徳の問題 どう解く?』（p.13）掲示用
・教材2 RADWIMPS「正解」の歌詞・映像（148ページに掲載）掲示用

## 授業の実際（2年で実施）

「新しい学年になって最初の道徳です。道徳は楽しみですか。去年どんな道徳を受けてきたか覚えてますか」などと問うた。席が近い生徒同士で交流をさせて，緊張を和らげさせた。

「今日は『正解』という授業をします。『正解』ってどんな意味かわかる人はいますか」とたずねると，何人かの生徒が挙手をしたので順に指名して発言をさせた。そして，正解の意味を提示し，全員で「正解とは何か」についての共通理解を図った。

---

正解

1 正しく解答すること。正しく解釈すること。また，その解答や解釈。「正解を出す」

2 結果的に良かったと思われること。「傘を持って出たのは正解だった」

---

「では，次の問題の『正解』を考えてみましょう」と言い，3問を出題した。

---

問1 次の植物の名称を答えなさい。（イヌワラビとオオイヌノフグリの写真）

問2 都道府県名を答えなさい。（北海道，愛知県，熊本県のシル

---

エット）

問3 次の漢字の読み方を答えなさい。（山羊，案山子，十六夜）

---

どの問題も，生徒は一度は目にしたことのあるものなので「うわぁ何だっけなあ」「これ知ってるよ」などの声があがり，友達同士で答え合わせをする姿が見られた。

正解を提示したのち，「今，出題した問いは『正解』があるものです。学校ではさまざまな教科を勉強します。教科ごとに特色の違いはありますが，どの教科も最終的には，ある問いに対する『正解』を導き出すことが求められます」と，教科の授業では日頃「正解」が求められることを確認した。

「それでは，次の問いの『正解』は何でしょう」と言って，下の文章を提示した。

---

友だちから，好きじゃないプレゼントをもらった。「うれしい！」と嘘ついたら，友だちはよろこんでいた。

『答えのない道徳の問題 どう解く?』p.13

---

似たような経験があるかをたずねた後，最初の発問を行った。

## ■1 ついていい嘘とついてはいけない嘘ってどんな嘘でしょうか。

■正解が一つではないことを実感させるための発問である。

時間を十分にとって考えさせ，その後列指名で発表させた。ここでの交流はしない。

**ついていい嘘**
・相手のことを思って言う嘘
・相手が傷つかないようにするための嘘
・自分も相手も幸せになる嘘

**ついてはいけない嘘**
・相手を傷つける嘘
・自分のためにしかならない嘘
・自分を偽る嘘

発表のたびに「そうか」「なるほど」という共感する声が生徒から漏れていた。発表が終わり，「それでは，このなかでどれが正解

ですか」とたずねると，すぐに声を上げる生徒はいなかった。少し間を置いて，「全部正解じゃないかな」と言葉が出た。ほかの生徒も納得したようにうなずいていた。

そこで「実は，さきほどの問いはこの本のp.65に載っていました」と言って，教材1の『答えのない道徳の問題　どう解く？』を紹介した。「社会には『正解』が一つではない問いがあふれています。では，そのような社会では何が求められるのでしょうか」。少し間を置いて，「それは，自分自身が納得して出す正解，『納得解』が求められます」と，前掲書のp.64〜65の内容を説明した。そして，出された考えはすべて，その人にとっての「納得解」であることを説明した。

続けて，「道徳はこの『納得解』を見つけようとする時間です。一人で考えて見つけられることもあれば，難しい問いもあります。そんなときには，友達との交流をヒントに『納得解』を見つけます」と説明した。

「さて，皆さんは汚い言葉と言ったらどんな言葉を思い浮かべますか。私は『死ね』とか『むかつく』とか『ウザい』という言葉を思い浮かべます。このような言葉を耳にしたらどんな感じがしますか」とたずねると，「つらい」「心が痛い」という声がすぐに上がったので，すぐ問いに続けた。

**❷ 対流 殴られても蹴られてもいないのに，痛いって感じるのはなぜだろう。**
■交流により見方や考え方が多面的・多角的になることを実感させるための発問である。

自分の考えをまずはしっかりと書かせ，続いて隣の生徒と交流をさせた。

「どういうことだろう」「もう少し詳しく知りたいな」と疑問に思ったときは，「もう少し詳しく教えて」「それってどういうこと」と質問するように指示をした。また，友達の参考になった考えは，忘れないうちに赤ペンで自分のワークシートにメモすることも指示をした。

隣の生徒との交流後，席を離れてよいので，より多くの生徒と交流するように指示をした。交流が終わると，自分にはなかった気づきや

学びがワークシートにたくさんメモされていた。次のような理由が記述されていた。

- ・自分（存在）を否定されたと感じるから。
- ・体ではなく，心が傷ついているから。
- ・使ってはいけない言葉を言われたから。
- ・言葉が心を刺すから。
- ・相手に拒絶されたと感じるから。

「いかがでしたか。友達と交流するなかで，新しい考えを知ることができ，自分の考えが広がり，自分の考えが深まり，新しい考えが自分の中にできたりしましたか。友達との交流が，『納得解』を見つけることにつながるのです」と言って，交流の価値づけをした。

「でも，生きていく上で大切なことには，わからないことや難しいことが多いですよね」と言うと生徒はうなずいていた。

「あるバンドを紹介します」と言い，RADWIMPSの写真を提示した。簡単に紹介した後，楽曲『正解』の歌詞を大きく提示し範読した。そして148ページの説明（教材2の①）を加えた。

「この楽曲の，若者らしい感情，悩みなどを詰め込んだ歌詞は多くの共感を呼びました。どんな曲なのか聴いてみたいですよね」と言い，『正解』の映像（教材2の②）を流し，148ページの説明を加えた。

視聴後，「難しい問いに対して，すぐに正解を出す必要はありません。また道徳の時間に正解が出るともかぎりません。これから1年間かけて一緒に『納得解』を見つけていきましょう」と語りかけた。

「曲の最後に，人生をかけた問いについてありましたね」と言って，最後の発問をした。

**❸ 主 今のあなたにとって，大切で正解のない問いとは何ですか。**
■自分を見つめるための発問である。

- ・生きる意味・友達とどう接するか。
- ・幸せとは・自分がどう生きていくか。
- ・自分の心とどう向き合うか。
- ・自分が本当にしたいこと。
- ・友達・兄弟・親などの気持ち。

提出された一人一人にとって大切で正解のない問いは，後日，許可をとって学級通信で紹介することを告げ，授業を終えた。

## 教材　教材1　『答えのない道徳の問題　どう解く？』

やまざき ひろし：文　きむら よう・にさわだいら はるひと：絵　ポプラ社

**授業者より**

　難しい問いに対して正解を考える。本授業では，「ついていい嘘と，ついちゃいけない嘘って，どう違うんだろう？」を取り上げて発問をつくった。

　ほかにも，食べ物，平等，夢，正義，命，家族，戦争，勉強，らしさ，いじめ，すき，友達について，大人でも答えを出すのが難しいたくさんの問題を取り上げている。

　さまざまな道徳の教材づくりのヒントがある。

## 教材2① RADWIMPS「正解−18FES ver.」について（説明用資料）

**授業者まとめ**

　野田洋次郎（Vo・G・Piano），桑原彰（G），武田祐介（B），山口智史（Dr）により，2001年に結成された。2005年にメジャーデビューした。既存のジャンル，枠組みにとらわれない音楽性や，恋愛から死生観までを描いた歌詞で，思春期の若者世代を中心に幅広い層から大きな支持を得ている。

　RADWIMPSの"正解"は，アルバム「ANTI ANTI GENERATION」に収録されており，NHKで放送された「RADWIMPS 18祭 2018」という番組のために制作された曲である。人生で出会う問いについて，正しい答えがある問いばかりではないことや，人生をかけて自分だけの探す正解について考えさせられる歌詞になっている。また，最後のフレーズは，大切な人がいなくなったらどう生きていくかを一生かけて答えてほしいという歌に込められた作詞者の思いを感じる歌詞である。

## 教材2② RADWIMPS「正解−18FES ver.」の映像について

**授業者まとめ**

（NHK公式チャンネルYouTube）
【18祭】「正解」RADWIMPSと1000人の18歳、感動の歌声｜18Fes｜NHK
https://www.youtube.com/watch?v=xKjFYKWCDas

　RADWIMPSと1000人の18歳世代が共演した「18祭」という企画のなかで，参加者全員で熱唱する映像である。参加者の多くが涙を流す感動のステージである。

（熊本県　松本 聡一郎）

| 1年 | | 勤労観をポジティブに | 感　動 | ★★☆ |
|---|---|---|---|---|
| | | | 驚　き | ★★☆ |
| 2年 | | # 34. 働く意味 | 新たな知恵 | ★★★ |
| | | | 振り返り | ★☆☆ |
| 3年 | | | | |

web
5-34
授業用
パワーポイント

「働き方改革」「ブラック企業」という言葉は中学生でも知っているくらい，一般的な言葉となってきました。労働環境を改善することはもちろん大事なことですが，一方で「仕事とは自分の時間を切り売りしてお金を得るものだ」という誤解をしてしまっている生徒も多いように思います。仕事が自分の人生に潤いを与えるものであることを感じてもらいたいと考え，この授業を創りました。

『なぜ僕らは働くのか
君が幸せになるために考えてほしい大切なこと』
池上　彰：監修　Gakken

 教材

「100人に聞きました! 働く必要がないほど
お金があったとしても，働きますか?」
nomad journal

### ■ 教材の概要 ■

　働くことの意味をわかりやすい言葉で伝えている池上彰さんの著作の中から，働くことの意味に関する部分を提示する。働くことの価値を一面的にしかとらえられない子どもが多様な価値に気づくことのできる教材である。また，インターネット記事は，働くことが人生にどのような価値をもたらすのかがよくわかる教材で，池上さんの教材とは違う側面から，子どもの思考を促すものとなっている。

### ■ 授業構成 ■

| 0 | 3 | | 15 | | 20 | 25 | 28 | 32 | 35 | | 40 | 43 | | 50(分) |
|---|---|---|---|---|---|---|---|---|---|---|---|---|---|---|
| ●発問● やりたい 仕事は? | | 説明 4つの価値観 | ●発問● 割合は? | | ●発問● なぜお金が もらえる? | 教材1 | ●発問● 好きな仕事 でない=不 幸せ? | 教材2 | ●発問● それでも 働く? | 教材3 | | ●発問● 働く目的は? | | |

協働的な学び　互いの価値観とその理由を繰り返し交流し，考えの変化を知る。

### ■ 本時の授業を中心に見取った評価文の例 ■

　働くことの目的について，単にお金を得るためだけでなく，自己実現や他者貢献につながり，自分自身の人生の潤いにもつながると気づくことができました。

## ねらい

**勤労を通した他者貢献が人生を豊かにすることに気づき，勤労に対する前向きな心情を育てる。　　　C13［勤労］**

## 準備

- 学年教師の写真とインタビュー記事①～④（150ページに掲載）提示用
- 教材１　「お金と仕事の関係」（152ページに掲載）生徒数分
- 教材２　「仕事が『好き』になる」（152ページに掲載）生徒数分
- 教材３　「100人に聞きました！　働く必要がないほどお金があったとしても，働きますか？」（152ページにURL掲載）提示用

## 授業の実際（2年で実施）

### 1 大人になったらやりたい仕事はありますか。

**■子どもの勤労感に対する考え方を確認し，授業を方向づける発問である。**

「やりたい仕事があるか」「あるとしたら何か」「何でその仕事をしたいのか」をペアでインタビューさせた。さらに数名の生徒を指名したところ，「お金をもらって生活するため」という話をした子どもが多かった。

その後，「働くことの目的ってお金や生活のため以外には，どんなものがあるのだろう」と投げかけた。学年教師の顔写真を提示しながら，それぞれの先生に働く目的をインタビューしたという架空の設定で，以下の４つの働く目的を提示し，それぞれこの授業内では「○○主義」と呼ぶこととした。

> ①子どもの成長のお手伝いをしたいと思ったからです。人の役に立てたときは，本当にこの仕事をやっていてよかったなと感じます。➡**他者貢献主義**

> ②小さい頃から絵を描くのが大好きでした。大人になっても絵を描くことを続けたくて，今の仕事をしています。大好きなことをやれているので，それだけで幸せです。➡**自己実現主義**

> ③あまり大きな声では言えませんが，趣味のキャンプに行きたいってのがいちばんです。この仕事は夏休みがありますから，そこでまとめて休みをとって，思い切りキャンプを満喫するためです。収入？　普通に食っていける程度で十分ですよ。➡**余暇主義**

> ④何だかんだいって結局は金ですよ，金。金がもらえるなら，どんなにハードでもＯＫ。え？　もっと高収入の仕事があったら？　もちろんソッコーで転職ですよ。➡**収入主義**

③の**余暇主義**は収入が最低限でよいこと，それに対し，④の**収入主義**は，忙しくてもたくさんのお金がほしいという点で異なることを説明した。

### 2 対 働く目的について，それぞれの価値観の大切さをどれくらいの割合で考えていますか。

**■本時のテーマを理解するための発問である。**

たとえば「①…3，②…4，③…2，④…1」のように，合計10になるよう，４つの主義に点数をつけさせ，そう考えた理由を簡単に記述させた。

その後，４人グループで交流させ，数名に発表させた。

さらに，「それぞれの価値観について深掘りしていくために，池上彰さんの本を参考にしていきます」と説明した。

### 3 なぜ世の中では，仕事をすると，お

金をもらえる仕組みになっているのだと思いますか。
■収入と他者貢献の関係性に気づかせるための発問である。

　個人で考えた後，ペアで交流し，数名に発表させた。教材１を配付，音読したうえで，収入主義と他者貢献主義の関係を，生徒の発表内容を加味して，以下のように板書した。

> **収入主義**：多くの収入を得るには，価値ある他者貢献が必要。
> **他者貢献主義**：価値ある他者貢献をすることは自然と収入につながる。

　その後，「働く目的の割合を修正したい人はしてもよい」と告げ，再度ペアで交流した。

**4** 🈙「好きなことを仕事にする➡幸せ」だとするならば「好きなことを仕事にしない➡不幸」と言えるでしょうか。
■自己実現と他者貢献の関係性に気づかせるための発問である。

　同様に個人思考，ペア交流を経て数名に発表させた。教材２を配付，音読したうえで，自己実現主義と他者貢献主義の関係を，生徒の発表内容を加味して，以下のように板書した。

> **自己実現主義**：自分が誰かの役に立っている，必要とされていると感じられれば，充実した気持ちで働くことができて，その仕事を「好き」になることだってある。
> **他者貢献主義**：他者に貢献することが自己実現にもつながる。

　さきほどと同様に修正する時間を設けた。さらに交流した。

**5** 🈚🈙仮に，働かなくても生活できる世の中になったとしたら，それでもあなたは働くと思いますか。
■他者貢献が人生の豊かさにつながることに気づかせるための発問である。

　AIが今ある仕事を肩代わりする話や，ベー

シックインカムなどについて，簡単に説明し，将来，人間が必ずしも働くことのない社会が訪れる可能性があることを紹介したうえで，上記の問いについて考えさせ，交流させた。

　その後，「100人に聞きました！　働く必要がないほどお金があったとしても，働きますか？」という教材３の記事を紹介し，もしお金があったとしても働きたいという人が60％以上を占めていることを紹介した。その理由を予想させた上で，さらにこの人たちがやりたがっている仕事を示し，なぜこのような結果になったのかを考えさせた。

　・働かないと，生きている意味がわからなくなりそう。
　・遊びだけだと，いつか飽きてしまいそう。
　これも同様に個人思考，ペア交流を経て数名に発表させた。余暇主義と他者貢献主義の関係を，生徒の発表内容を加味して，以下のように板書した。

> **余暇主義**：遊びだけで自分が生きている価値を実感できるのか？
> **他者貢献主義**：他者に貢献することで，自分が生きている価値を実感できる。

**6** 🈚🈔あなたは「働く目的」をどのように考えますか。
■授業の内容を振り返るとともに，働くことに対する前向きな感情をもたせるための発問である。

　個人で考えさせた後，４人グループで交流させた。働く目的は最終的に人それぞれであることを告げ，交流の際には，相づちを打つなどの反応をするようにした。

　・お金のためだけでなく，人の役に立つことも考えると，生きている意味が感じられる。
　・自分のやりたいことが，人の役に立つと，仕事にやりがいが生まれると思う。
　・お金は大事だけど，それだけしかないと，やりがいを感じられないから，お金以外の価値観も大事にしたい。

## 教材1「お金と仕事の関係」

『なぜ僕らは働くのか　君が幸せになるために考えてほしい大切なこと』 p.32～33より

　誰かがしてくれた仕事に対してのお礼の気持ちはどう伝えるのでしょうか？仕事に対しては,「お金を払う」というのが「ありがとう」の意思表示になります。「自分ができないことや, やりたくないことを代わりにしてくれてありがとう」「欲しいものを提供してくれてありがとう」。お金を払うという行為には, そういう意味が含まれています。(中略)

　お金を払うことの意味はもう1つあります。たとえばコンビニエンスストアで,250円のケーキを目にしたとき, あなたは買いますか, 買いませんか？(中略)これは, そのときの自分にとって,「そのケーキに250円の価値があるかないか」を判断しているということです。つまり, お金を払うということは, その金額分の価値があると思っているという意思表示でもあるのです。

## 教材2「仕事が『好き』になる」 前掲書 p.105より

　働いていて, 嬉しい, 楽しいと思える瞬間は, 誰かに感謝されたり, 必要とされたり, ほめられたりしたときのようです。第1章で「仕事は誰かの役に立つことである」とお話ししましたが, 人は誰かの役に立つことで嬉しさを感じられる生き物でもあるのです。「働くのはつらくて大変なこと」と考えている人もいるかもしれませんが, 決してそれだけではありません。自分が誰かの役に立っている, 必要とされていると感じられれば, 充実した気持ちで働くことができて, その仕事を「好き」になることだってあるのです。

## 教材3「100人に聞きました！ 働く必要がないほどお金があったとしても, 働きますか？」 nomad journal記事

https://nomad-journal.jp/archives/2054

（北海道　髙橋和寛）

1年
2年
3年

## よりよい社会をめざして
# 35.〇〇がある水族館

| | |
|---|---|
| 感　動 | ★★☆ |
| 驚　き | ★★☆ |
| 新たな知恵 | ★★★ |
| 振り返り | ★☆☆ |

web
5-35
授業用
パワーポイント

　勤労経験のない生徒にとって，勤労の意義を理解するのは困難なことでしょう。しかし，働く人々の思いやその姿勢から，その一端を考えることはできると思います。自分の適性を知り，それを生かすこと，社会と自分がつながること，自分のあるべき姿や生きがいを見いだせることなど，学習を通して気づいてほしいと願い，この授業を創りました。

むろと廃校水族館（高知県室戸市）

**教材**
## 「むろと廃校水族館」
## 「海中のゴミが水槽で泳ぐ企画展 むろと廃校水族館」
### 朝日新聞デジタル　2020年12月9日付

### ■ 教材の概要 ■

　「むろと廃校水族館」で活動する人々の自然愛護への思いを学び，今後の自分の在り方について考える教材である。従来は教師主導で進めていたが，本教材のように，生徒に学ばせたいことと生徒が関心をもつことにさほど違いがないと考えられる場合は，最小限の情報だけを与え，各自で疑問を抱いたことや興味のあることを調べていく方が，主体的に学習を進めることができると考えた。また，各自がタブレットを所有し，リアルタイムで情報を共有できる学習支援アプリなどがある環境では，コロナ禍において会話せずに学び合えるというメリットもある。勤労の意義については，水族館のスタッフの活動に着目させて，自ら気づくように考えた。

### ■ 授業構成 ■

| 0 | 10 | 25 | 40 | 50(分) |
|---|---|---|---|---|
| ●発問● この水族館は〇〇があって有名になりました。何でしょう？ | 活動 「むろと廃校水族館」について調べ，学んだことをみんなで共有しよう | 活動 水族館のスタッフの自然を大切にするために行っている活動から気づいたことはありますか？ | 振り返り 授業の感想と振り返りを書く | |

**協働的な学び**　各自の調べたことを共有することで，勤労についての考えを深める。

### ■ 本時の授業を中心に見取った評価文の例 ■

　なりたい職業はまだ見つかっていないと言っていましたが，視野を広くしていろいろな力を身につけられるように努力したい，自然を守る仕事も候補だと感想に書いていました。

協働的な学びの度合い ●●●・・・・　授業準備度 ●●・・・・

## ねらい

　むろと廃校水族館で活動する人々の自然愛護への思いについて考えることを通して，今後の自分の自然愛護に対する在り方について生かしていこうとする心情を育てる。

D20［自然愛護］

## 準備

・教材　カメの体内にあった袋の展示写真
　（156ページに掲載）提示用
・調べ先のウェブサイト（156ページに掲載）

## 授業の実際（3年で実施）

　「みなさんは，水族館と言えば何を思い浮かべますか」と言って，むろと廃校水族館の写真（153ページ）を提示し，次の発問をした。

### ■この水族館は〇〇があって有名になりました。さて，何でしょう。

　■教材に興味をもたせる発問である。

　ほとんどの生徒が水族館に行った経験があったので，次々に意見が出た。「ジンベエザメのショー」「マッコウクジラのショー」「チンアナゴのショー」とあがったが，「ショーではありません」と言うと，「海の恐竜の展示」「1000匹のチンアナゴの展示」と出てきた。「展示ではありますが，生きているようで生きていない……」と言うと，「サンゴ」「クラゲ」「あっ，ゴミだ」「テレビでやっていたの見たよ」と答えた。「その通りです。海洋ごみの展示でした」と言って，その写真（p.156）などを見せた。「海洋ごみの企画展で有名になりました。変わっていますね。変わっているのはこれだけではありません」と言って，次を説明した。

・名前は「むろと廃校水族館」で，廃校になった小学校につくられた。
・高知県室戸市は高知龍馬空港から車で約2時間。
・水族館の管理運営は「日本ウミガメ協議

会」というNPO法人。
・市からの援助は受けていない。
・50種類1000匹以上の生き物たちが飼育展示されている。

　すると，「この水族館は，どうして海洋ごみを展示したのですか」と生徒が質問した。

　「そうだね。いろいろ疑問が出てくるんじゃないかな」と言って，最初の問いにつなげた。

### ■主対むろと廃校水族館について調べ，学んだことをみんなで共有しましょう。

　■むろと廃校水族館の活動を知る発問である。

　すかさず，「今日はむろと廃校水族館について，みなさんが疑問に思ったことや興味のあることを各自で調べてもらいます。そして，そこから学んだことをみんなで共有しましょう。取り組んでいる人の思いやその背景が考えられたら素晴らしいと思います」と言って，学習支援アプリに書き込むように指示した。また，調べが進んでいない生徒には進められるようにフォローをした。

　生徒の疑問は①〜⑦で，それを調べたことや学んだことはA〜Gで以下に記す。

①どうして海洋ごみを展示したのか。

A：「あたらしい海の仲間たち」というタイトルで，死んだ海ガメの胃袋から見つかったレジ袋やサメに刺さっていた釣り針などが展示されていた。ただ，海洋ごみは生き物たちの隠れ家や産卵場所にもなっていて，一方的にダメとはしてなかった。生命は大切なんだけれど，ダメと決めつけずに，海のリアルな現状から冷静に解決策を考えることが大切だということがわかった。

②海洋ごみのほかにどんな展示をしているのか。

B：25mプール，跳び箱を活用した水槽，手洗い場で生き物に直接触れられるようするなど，いたるところにアイデアがあった。愛する魚たちを来館者に見てもらえるように，スタッフみんなで意見を出し合ってつくられたのだと思う。その思いが来館者を温かく迎えているのだと思った。

③海洋ごみのほかに有名なものは何か。

C：若月館長は「目玉がないのがうちの目玉です」と言っているが，展示の説明の「一行書き」が売りだと思う。たとえば，フジツボ…「じつは，エビ・カニの仲間」，ハリセンボン…「針は350本くらい」。楽しんで取り組まれているのが伝わってくるから，こちらも楽しくなるんだなと思った。

④なぜ，廃校水族館という名前をつけたか。

D：室戸市立椎名小学校が2006年に廃校になり，2018年4月に水族館としてリニューアルオープンした。日本各地で増える廃校が活用可能なことを知ってもらい，「水族館」と名乗ることでファミリーやカップル，マニア，さらには水族館で働きたいという人も来てくれるというねらいもあった。いろんな人のことを考えるからこそ，展示や運営に工夫が生まれるのだと思った。

⑤人は集まるのか。

E：開館から1年間で17万6000人（室戸市の人口は約1万3000人）が訪れた。旅行会社の人たちに話を聞いて，バスツアー客を呼び込むことにした。謙虚に人から話を聞く姿勢があってはじめて，有益な情報を得ることができるんだと思った。

⑥市からの援助がなくて大丈夫か。

F：年間運営費は6000万円。入館料（高校生以上600円，小・中学生は300円）とグッズ販売が収入で光熱費や人件費を賄っている。ろ過装置を使う施設だと10億円はかかるそうだが，水槽やプールの水は海から海水を引いている。自力でやり切ろうとするところが格好いい。

⑦反対やクレームなどはなかったのか。

G：人が怒るのは単に自分の価値観を主張しているだけで，「また自分は10年進んだ発想をしてしまった」と思って自分を慰めているのだそうだ。今は無理かもしれないが，自分も大人の対応ができるようになりたい。

　この後，リアルタイムでまとめたものを生徒同士で共有した。また，自由に移動して，質問や感想などを直接伝え合った。

**❸ 対 発 水族館のスタッフの自然を大切にするために行っている活動（＝**

**働くこと）から気づいたことはありますか。**

■**自然愛護をボランティアではなく，勤労として取り組むことの意義について気づかせる発問である。**

「自分やクラスのみんなの調べたことや学んだことを見て，水族館のスタッフの活動（＝働くこと）から気づいたことはありますか」と言って，学習支援アプリに書き込むように指示した。

・みんなで「自然を守ろう」と目的に向かって協力し合うことで，大きな成果が上がることがわかった。

・鉄道もない地方に人を集めるのにすごい努力をされている。海の自然の素晴らしさがわかるように，展示にいろいろなアイデアが生かされているのだと思った。

・ほかの水族館は観光などの企業が運営しているが，「むろと廃校水族館」は「日本ウミガメ協議会」というNPO法人が運営している。ウミガメを守ろうという気持ちがあるから，ほかとは違ったアイデアが出るのかなあと思った。

・苦労も多いと思うけれど，やはり楽しいのだろうと思う。それがモチベーションとなって苦しいことを乗り越えていけるのかなあと思った。できれば将来そういう仕事に自分も就きたい。

　書き込まれたものをいくつか読み上げ，授業の感想と振り返りを書かせて授業を終えた。

●**生徒の感想**

・いろんなところに思いやりがあふれていた。ウミガメを保護する優しい人だからできるのかなと思った。

・先生が進めていく道徳もいいが，今日のように自分で調べていくのも楽しかった。取り組んでいる人の思いや背景を考えたので，「自然を大切にする」「相手への思いやり」や「働くことの大切さ」など，いつもの道徳で習っていることが出てきて，やっぱり道徳の授業なんだと思った。

**教材** 「海中のゴミが水槽で泳ぐ企画展 むろと廃校水族館」 朝日新聞デジタル 2020年12月9日付
https://www.asahi.com/articles/photo/AS20201208002365.html

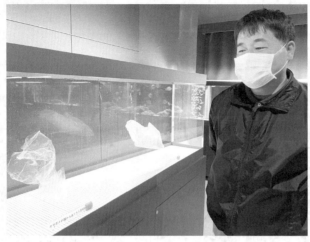

オサガメの体内にあった袋を展示した
むろと廃校水族館の若月元樹館長

提供：朝日新聞社

**参考** 本時の授業で検索されていた主なウェブサイト

・「海と日本PROJECT in 高知」…①で使用
https://kochi.uminohi.jp/information/あたらしい海の仲間たち？/

・「るるぶKids　跳び箱やプールが水槽に?! むろと廃校水族館は，小学校ならではの展示が話題」…②で使用
https://kids.rurubu.jp/article/1135/

・「オズモール　今でも町の人が登校する，廃校を使ったローカル水族館へ〜高知・室戸の日常を訪ねる旅」…③で使用
https://www.ozmall.co.jp/metromin/article/32025/

・「ひとまち結び　Vol.8 なぜ田舎の水族館に人が集まるのか？　高知県・むろと廃校水族館に行ってみた・前編」…③で使用
https://project.nikkeibp.co.jp/hitomachi/atcl/column/00008/112000013/?P=3

・「ひとまち結び　Vol.8 なぜ田舎の水族館に人が集まるのか？　高知県・むろと廃校水族館に行ってみた・後編」…④，⑦で使用
https://project.nikkeibp.co.jp/hitomachi/atcl/column/00008/112500014/?P=3

・「中日新聞　ぶらっ人　むろと廃校水族館　高知県　あじわい深い独創ぶり」…⑤，⑥で使用
https://tabi.chunichi.co.jp/local/191213tabi.html

（京都府　松永　勉）

## おわりに ❖-------------------------------------------------❖

　『中学校編　とっておきの道徳授業』シリーズは本書で17冊目を迎えました。その初刊は2003年3月1日に発刊されましたので，20年の年月を重ねたことになります。その間の2019年に「特別の教科　道徳」が創設され，道徳科授業はシステムとして確立した感があります。教科書と評価があることは道徳科授業は「やらざるを得ない」位置に追い込まれました。

　一方で，授業自体が質的に改善されたかというと，「やり方がわからない」「どう問えばよいのかわからない」など，教科化される前のままのように感じます。流行のICTを使う授業も，効果的に使う授業もあれば，使ってみただけと感じることも多いです。

　しかしながらいちばんの問題は，教科書の使用義務を誤って受け止め，教材の自由度を自ら縛り，息苦しい状況が全国の学校現場で蔓延していることです。

　授業はシンプルに考えると，教材と授業構成，活動と評価をいかに工夫するかで，授業の機能度が決まってきます。その「教材」を，学習指導要領に示されている「教材の工夫」を破棄してしまえば，ただでさえ難しいと思われている道徳科授業はますます難しいものになってしまいます。いずれ「厄介者」にさえなってしまいかねません……。

　本書は，望ましくない閉塞感を打破すべく，「教材開発」にグンと特化してその風穴を開けようとして創られました。全国の著名な「中学校道徳教師」が結集して創り上げた本書の実践を，まずは真似して追実践をしてみてください。そしていつかはぜひ，自分が出合った「心震える」素材を教材化し，生きづらい世の中でも，緊張の世界情勢の下でも踏ん張って生き抜いている，目の前にいる中学生のために「とっておきの道徳授業」を創りませんか。そして心を込めて贈りませんか。それこそが最大の教師の喜びだと信じています。


　2023年3月

編著者　桃﨑剛寿

# 道徳授業開発のすすめ

あなたが創出した道徳授業が
「どこかの中学生」を支えるかもしれない，
救えるかもしれない！
だからこそオリジナル道徳授業を開発し実践されたら，
それを自分だけのものにしないで，広く公開してほしい。
そうして「道徳のチカラ」中学の同志になってほしい。

## 〈 道徳授業記録募集要項 〉

**1．内容**　自分自身で開発した道徳授業の実践原稿。
プランや指導案でも可。
執筆依頼が決定したら，以下の形式での作成を依頼します。

**2．形式**　本書の各実践原稿の2～3ページ（見開き）を参照。
授業記録の書式は，A4判2枚，20字×35～40行の2段組です。
最初は，授業の内容がわかるものであれば，形式は問いません。
掲載が決まった場合は，規定の書式で執筆していただきます。

**3．送り先**　担当：桃﨑剛寿
①メール（推奨）t-momosaki@nifty.com
②郵送　〒861-8083　熊本市北区楡木3-8-46　桃﨑剛寿

**4．その他**　掲載原稿には，規定の原稿料をお支払します。
なお，著作権・出版権は，主催者（道徳のチカラ）と出版社（日本標準）に
属します。

例年8月の第1土曜日に「道徳のチカラ」全国大会が東京で開催されており，そこで実践論文審査が行われます。高い評価を受けた実践記録は優先的に掲載をしております。

# ● 本書特設サイトについて ●

　本書に掲載したオリジナル道徳授業35本で活用できるプレゼンテーション資料が「中学校編 とっておきの道徳授業17」特設サイトからダウンロードできます。マイクロソフト社「パワーポイント」によるスライドは生徒に資料を印象的に提示，驚きを引き出したり，問いや感動を導いたり，思考を活性化するのに有効です。さらに，資料を視覚的に訴えることで生徒たちの関心を高め，授業に集中させ，一体感を生み出すことができます。

　また，授業で使えるワークシート（Word・一太郎）と，付録として「1 ～17の内容項目リスト」「年間指導計画補足資料」（共にExcel）をダウンロードしてご利用になれます。授業づくりのヒントとして活用され，その一助となればと願っています。

「中学校編　とっておきの道徳授業17」特設サイトURL
https://kyozaidl.nipponhyojun.co.jp/totteokidotoku/ch17k3np

## 特設サイトのデータについて，以下の点に留意して使用してください！

**1** 本データは，利用する方が自由に作り替えることができます。ただし，作り替える部分に画像など，他人の著作物を掲載する場合は，基本的に著作者の許諾が必要です。利用する方が許諾を得て使用してください。

**2** 「教育を担任する者及び授業を受ける者」（多くの場合は授業をされる方）が，パワーポイントを授業で使用するために，ウェブサイトなどに掲載されている画像を取り込むことは，著作権法の許諾なしに実行できます。

　ただし，本データには，権利者の許諾を得ている写真や文章があります。また，利用する方が作り替えた部分に他人の著作物が含まれる場合もあります。これらの場合，公開授業の学習指導案に掲載するなど，授業外で使用したり，頒布のために複製したりするには，権利者の許諾が必要となります。利用する方が許諾を得てご使用ください。

　また，改正著作権法では違法ダウンロード行為に対する刑罰化が加えられました。YouTubeなどの視聴は違法ではありませんが，専用ツールを使って動画をダウンロードすると処罰の対象となる可能性があります。

**3** 本パワーポイントデータは，動作環境によって表示や動きに不具合が起きる場合があります。使用の際には，授業の前に動作確認を行ってください。

　　2023年3月1日

桃﨑剛寿

## ● ご使用条件 ●

※以下の使用条件をご了承の上，ご使用をお願いします。
・特設サイト上のデータは，『中学校編 とっておきの道徳授業17』の付録です。
・本サイトは，書籍を購入された方のみ使用できます。
・本サイト上のデータの編集著作権は，株式会社日本標準および編著者に帰属し，ユーザーに譲渡されることはありません。
・本サイトのデータを商業目的に使用することはできません。
・本サイトの内容の一部または，全部を，無断で第三者に譲渡，販売，貸与，配付することはできません。
・本サイトの運用結果について，弊社はいかなる場合も責任を負いません。

## ● 推奨環境 ●

プリンタ：A4判以上対応のもの
ブラウザ：Internet Explorer 11以降
パワーポイントの閲覧・編集
　：「Microsoft PowerPoint 2007」以降
Wordファイルの閲覧・編集
　：「Microsoft Word 2007」以降
jtdファイルの閲覧・編集
　：「一太郎 Ver. 2008」以降
PDFファイルの閲覧
　：「Adobe Reader」「Adobe Acrobat Reader DC」が必要
※記載の会社名，製品名は各社の商標または登録商標です。

編著者紹介 ●

桃﨑剛寿（ももさき・たけとし）
1989年熊本大学大学院教育学研究科数学教育専攻代数学専修修了。熊本県公立中学校教師に，県立教育センター道徳担当指導主事，熊本市教育委員会生徒指導担当指導主事を経て，現在熊本市立京陵中学校校長。熊本県・熊本市中学校道徳教育研究会会長。教育サークル「道徳のチカラ」副長。『中学校編 とっておきの道徳授業』シリーズ1〜16（編著，日本標準），『中学校「特別の教科 道徳」の評価 通知表所見の書き方＆文例集』（日本標準），『スペシャリスト直伝！中学校道徳授業成功の極意』（明治図書），『「中学生を変えた」奇跡の道徳授業づくり』（日本標準）など，著書多数。

執筆者一覧（五十音順）●

（2023年3月現在）

| | | |
|---|---|---|
| 伊東　久雄 | 兵庫県 | 神戸市立筒井台中学校 |
| 及川　仁美 | 岩手県 | 盛岡市立厨川中学校 |
| 緒方　　茂 | 長崎県 | 佐世保市立祇園中学校 |
| 合田　淳郎 | 東京都 | 杉並区立杉森中学校 |
| 佐々木篤史 | 青森県 | 弘前大学教育学部附属中学校 |
| 佐藤　朋子 | 山形県 | 山形市立金井中学校 |
| 髙橋　和寛 | 北海道 | 札幌市立札苗中学校 |
| 千葉　孝司 | 北海道 | 音更町立音更中学校 |
| 水流　弘貴 | 福岡県 | 中間市立中間北中学校 |
| 友田　崇人 | 熊本県 | 氷川町及び八代市中学校組合立氷川中学校 |
| 肘井　千佳 | 福岡県 | 北九州市立日明小学校 |
| 平井百合絵 | 愛知県 | 豊川市立桜木小学校 |
| 藤井　裕喜 | 京都府 | 京都市立下京中学校 |
| 藤永　啓吾 | 山口県 | やまぐち総合教育支援センター |
| 星　美由紀 | 福島県 | 郡山市立郡山第三中学校 |
| 松永　　勉 | 京都府 | 立命館宇治中学校・高等学校 |
| 松本聡一郎 | 熊本県 | 熊本市立下益城城南中学校 |
| 桃﨑　剛寿 | 熊本県 | 熊本市立京陵中学校 |
| 山﨑みゆき | 長崎県 | 大村市立桜が原中学校 |
| 山下　　幸 | 北海道 | 札幌市立厚別北中学校 |
| 山中　　太 | 長崎県 | 佐世保市立日野中学校 |
| 由川　文子 | 熊本県 | 氷川町立竜北中学校 |

※本文中のウェブサイトのURLやメールアドレスなどの連絡先は，2023年3月1日現在のものです。
JASRAC 出 2210020-201

中学校編 とっておきの道徳授業17
「乱世」を生きる中学生に贈る 35授業実践

2023年3月30日　第1刷発行

編著者／桃﨑剛寿（「道徳のチカラ」副長）
発行者／河野晋三
発行所／株式会社 日本標準
　　　　〒350-1221　埼玉県日高市下大谷沢91-5
　　　　電話　04-2935-4671
　　　　FAX　050-3737-8750
　　　　URL　https://www.nipponhyojun.co.jp/

表紙・編集協力・デザイン／株式会社 コッフェル
イラスト／タカミネシノブ
印刷・製本／株式会社 リーブルテック

◆乱丁・落丁の場合はお取り替えいたします。

ISBN 978-4-8208-0735-3